ASTROLOGIA
DINAMICA

ASTROLOGIA DINAMICA

Utilice los ciclos planetarios para tomar las
mejores decisiones profesionales y personales

JOHN TOWNLEY

INNER TRADITIONS

Lasser Press

Mexicana, s.a. de c.v.

México, D.F.

Título original: *Dynamic Astrology*
Traducción al español por: Eulalia María Moreno
   de la edición en inglés de Destiny Books, One Park Street,
   Rochester, Vermont 05767, USA.
Destiny Books es una división de Inner Traditions International, Ltd.

Ilustración y diseño de cubierta: Marek Antoniak

ISBN 968-458-506-3 (Lasser Press Mexicana, S.A. de C.V.)
ISBN 0-89281-587-6 (Destiny Books)

Esta obra fue producida por Ediciones Étoile, S.A. de C.V.
Recreo 30-3, Col. Del Valle, México, D.F.,
en el mes de octubre de 1999.

IMPRESO EN MÉXICO
PRINTED IN MEXICO

Najpierw syrenka, potem anioł, *dobra* promocja—
Na zdrowie wienc, Maggie!

Contenido

Prólogo   9
Introducción   11

1. Los ciclos que controlan la vida   13

2. Bases físicas de la astrología   28

3. Los ciclos mensuales y anuales   37

4. Marte: El ciclo bienal de energía-trabajo   44

5. Júpiter: Ciclo de oportunidades y productividad   48

6. Saturno: Las pruebas y la seguridad en la carrera   67

7. Urano, Neptuno y Plutón: Los planetas más lejanos   87

8. El gráfico profesional   96

9. Amigos y enemigos: Cómo saber la diferencia   133

10. Vuelta a las bases: Desarrollo de la profesión con ayuda de los ciclos   177

Epílogo   197

Apéndice 1: Gráficos en blanco para comparación de grupos   199

Apéndice 2: Gráficos en blanco para ciclos profesionales   204

Prólogo

La astrología tiene muchos usos, puede ser un medio para conocerse mejor y para crecer espiritualmente, una ayuda para conseguir el amor, una nueva visión para mantenerse sano, y un arma eficaz para conseguir dinero o poder en los negocios, la política o el ámbito militar. Éstos no son los únicos usos de esta ciencia antigua, pero seguramente serán los más comunes. Hay muchos enfoques sobre estos temas y más en proceso de edición, basados en una amplia gama de técnicas astrológicas tradicionales y ampliamente conocidas.

Este libro se diferencia de los demás en tres puntos principales:

1. Se centra en el aspecto profesional o relativo a los negocios, dentro del cual la competencia es el foco de atención y los demás factores (como el crecimiento personal) se convierten en los agentes que intervienen a la hora de alcanzar el éxito. Se puede tener todo, si se tienen los ojos bien abiertos.

2. Proporciona técnicas nuevas para la interpretación de los datos astrológicos con una perspectiva mucho más amplia que la que dan los antiguos métodos tradicionales. Sus principios son los mismos, pero mediante este sistema se suele obtener un cuadro más claro y dinámico que condensa el espeso entramado de tránsitos y horóscopos.

3. Ofrece una nueva propuesta en la rama física de la astrología, un misterio que ha sido investigado durante siglos sin éxito, la cual

incluye un revolucionario enfoque de la realidad acorde con los últimos descubrimientos y teorías científicas y matemáticas, como por ejemplo la teoría del caos, los fractales, la información y la complejidad.

Por consiguiente, siguiendo el recorrido de este libro, el lector estará mejor equipado no sólo con los elementos necesarios para lidiar en la batalla hacia el éxito dentro de un mundo cada vez más competitivo, sino también con una visión totalmente nueva de la estructura del Universo y de su lugar dentro de él.

Algunos astrólogos me han criticado por proporcionar el conocimiento y las armas necesarias que muchos podrían utilizar para lastimar a los demás en la lucha por la vida, tal como pensaba Maquiavelo. Es cierto, he intentado no morderme la lengua ni ocultar ninguna información, así que será absoluta responsabilidad del lector el camino que siga al utilizar lo que aquí aprenda. Debe utilizarse con sabiduría y bondad, recordando siempre que, en particular según este enfoque cíclico de la existencia, lo que se envía se recibe de vuelta. Se debe sembrar con cuidado y reflexión, para el bien de todos, y todo redundará en una buena cosecha.

Introducción

¿Sabe usted cuál es el mejor momento para tomar una decisión clave acerca de los ingresos o la profesión? ¿Sabe cuándo es mejor insistir en una entrevista personal en vez de enviar un currículum? ¿Y cuándo el currículum mismo le dará mejor resultado? ¿Conoce el momento oportuno para solicitar un ascenso o un cambio de puesto laboral? ¿Y cuál es el momento en el que solicitarlo le dirigiría hacia un punto muerto?

¿Sabe cuál de sus colegas simplemente le ayudará a progresar en el trabajo y cuál convertirá en un desastre cualquier esfuerzo que usted haga, sin siquiera darse cuenta? ¿Sabe en qué momento de su vida los demás le buscarán para pedirle nuevas ideas y cuándo esperarán que se someta a las normas establecidas?

Y, por último, ¿sabe cuándo es el momento oportuno de dejar de depender de los demás y lanzarse por su cuenta con una nueva idea o negocio?

Todos estos aspectos se ven poderosamente influidos, algunos dirían que determinados, por los ciclos naturales, como tendencias entrecruzadas que nos rodean y fluyen a través y alrededor de todos nosotros. Si sabe cuándo aprovechar el empuje de la ola, ésta le podrá llevar hacia el mar del éxito. Si no, zozobrará en las aguas negras de la frustración y el fracaso.

La mayoría de la gente lucha toda la vida sin llegar a saber por qué las cosas van a su favor o en su contra. Ciertos individuos se esfuerzan constantemente sin obtener siquiera una recompensa, mientras que otros, que parecen no merecer nada, son arrastrados hasta la cima de la fortuna.

11

El conocimiento es poder, conocer los ciclos naturales otorga el poder de utilizarlos a nuestro favor. Los ciclos no son el destino sino simplemente fenómenos naturales. Si usted conoce las fuerzas que existen a su alrededor podrá emplearlas a voluntad o superarlas. Poner mucho empeño en hacer algo no le ayudará si permanece ignorante de cuáles son las influencias humanas y naturales. Millones de personas ambiciosas y con talento se ven abocadas al fracaso por este motivo y nunca llegan a saber la causa.

Este libro le dará algunas de las claves de conocimiento que le permitirán controlar su situación en lugar de estar controlado por ella. También le dirá cuándo debe estarse tranquilo sin hacer nada hasta que llegue el momento adecuado. Le proporciona información como la que sigue:

- Sus momentos altos y bajos anuales en cuanto a la energía personal y cómo utilizarlos.
- Su imagen personal en cuanto a cómo le ven los demás, y cómo cambia sin que usted se de cuenta.
- Los "amigos" y "enemigos" naturales que le ayudarán o lastimarán, y cómo descubrirlos.
- Momentos de pruebas, y cómo salir airoso.
- Su potencial profesional de por vida y cómo utilizarlo para elegir, promover o cambiar su carrera.
- Sus ciclos de éxito máximo y cómo sacarles el mejor provecho.

El conocimiento de estos ciclos vitales y profesionales básicos puede marcar la diferencia entre una vida de lucha sin sentido y una vida de éxito creativo. No sea un títere del destino, culpando de aquello que no puede entender o controlar al destino o a la mala suerte. Cuélguese de las estrellas y permita que el conocimiento de los ciclos naturales que le rodean le lleve hacia el éxito.

Capítulo 1

Los ciclos que controlan la vida

Durante miles de años se ha creído que la fortuna de las personas tiene un movimiento cíclico. Antiguamente se describía este concepto como la Gran Rueda de la Fortuna que gira eternamente derribando a los ganadores que están en la cima y levantando a los desafortunados, dándoles una nueva oportunidad de estar en el estrellato para después, una vez más, tumbarlos. El problema era que nadie sabía con certeza qué fuerza mueve esa rueda ni a qué velocidad gira para cada individuo. La gente sabía que sus días estaban numerados, pero no conocían la cuenta.

Hasta hace poco esta situación no había mejorado mucho. Durante siglos hemos sabido que existen ciclos regulares y predecibles en la Luna y el Sol, los cuales regulan el movimiento de las mareas; sin embargo, las mareas de los asuntos humanos no se han podido predecir tan fácilmente. Parecería como si se movieran erráticamente a su propio paso, sin motivo, y bajo fuerzas externas.

El amplio ciclo de investigación de los pasados treinta años ha demostrado lo contrario. Se han encontrado numerosas relaciones entre la conducta humana regular y los ciclos de la naturaleza como el clima, la radiación solar, las fases de la Luna y los ciclos planetarios. A continuación expondremos algunos de los ejemplos más impresionantes.

ONDAS ASESINAS

El psicólogo Arnold Lieber de la Universidad de Miami, y sus colegas, decidieron probar la antigua creencia de la influencia de la Luna llena en la locura aunque los científicos la tachen de superstición. Los investigadores recopilaron datos sobre los homicidios perpetrados en el condado Dade (Miami) durante un periodo de 15 años, 1,887 asesinatos para ser exactos. Cuando comprobaron la incidencia de criminalidad en relación a las fases de la Luna descubrieron, para su sorpresa, que ¡ascendían y decrecían simultáneamente y de manera casi infalible, durante los 15 años! A medida que se aproxima la Luna nueva, el índice de asesinatos aumenta vertiginosamente; y sucede lo contrario durante el primer y el último cuarto de la Luna.

Para descartar que esto fuera un azar estadístico, los investigadores repitieron el experimento utilizando datos sobre asesinatos del condado Cuyahoga, en Ohio (Cleveland). Las estadísticas volvieron a demostrar que la mayoría de los crímenes suceden con Luna nueva o Luna llena.

El Dr. Lieber y sus colegas no debieron sorprenderse tanto. Un informe anterior del Instituto Americano de Climatología Médica, del Departamento de Policía de Filadelfia, titulado "Efectos de la Luna llena en la conducta humana", recabó resultados similares. Demostró que la Luna llena es la fecha pico en varias clases de crímenes de origen psicótico, como el asesinato, delitos incendiarios, conducta peligrosa en el manejo del automóvil y cleptomanía. Parece que las personas pierden la cabeza durante esos periodos del mes.

Eso es algo que la mayor parte de los trabajadores de la policía y los hospitales sabe desde hace tiempo. Es más, en la Inglaterra del siglo XVIII, un asesino podía alegar "conducta lunática" si había cometido el crimen durante la Luna llena y de ese modo podía reducir su sentencia. Sin embargo, los científicos necesitan tener un modelo fisiológico estricto para explicar sus descubrimientos, y no existe ninguno que haya sido aceptado por completo. El Dr. Lieber especula que tal vez el cuerpo humano que está compuesto de casi un 80 por ciento de agua, igual que la superficie de la Tierra, sienta cierto tipo de "mareas biológicas" que afecten su estado emocional. Cuando una persona se encuentra pisando un terreno emocional que es psicológicamente inestable, dichas mareas biológicas podrían llevarlo al borde del abismo.

LUNA SANGRIENTA

La violencia y los crímenes no son lo único que se ve influido por los ciclos lunares de 29 días y medio. En la gaceta de la Asociación Médica de Florida, el Dr. Edson J. Andrews escribió que en un estudio acerca de 1,000 operaciones de extracción de amígdalas, el 82 por ciento del sangrado postoperatorio aumenta a medida que se acerca la Luna llena, aparte del hecho de que se realizan muy pocas operaciones durante este periodo. Es obvio que la Luna llena no es el mejor momento para realizar operaciones de cirugía, por lo que se deberían planear las operaciones para los periodos de Luna nueva.

DINERO LUNAR

Durante mucho tiempo los ciclos lunares han tenido un uso práctico y económico. En los países tropicales de Sudamérica y el sudeste asiático, de donde procede la mayor parte de la madera, las fechas de tala de árboles están relacionadas con las fases lunares. Solamente se talan cuando la Luna está menguante, lo más cerca posible de la Luna nueva. Esto se debe a que durante la Luna creciente o llena aumenta la savia y si se derrama en exceso puede atraer una inmensa cantidad de escarabajos aniquiladores, que devastarían la cosecha. Saber esto significa la diferencia entre ganar o perder millones de dólares al año.

BEBÉS LUNARES

Uno de los usos futuros de los ciclos de la Luna podría ser la elección del momento y el género de los bebés. Curtis Jackson, director del Hospital Metodista de California del Sur, dio un informe en el que se indica que se conciben más bebés durante la Luna creciente que durante la menguante. Contabilizaron 11,025 nacimientos durante un periodo de seis años y descubrieron que se concibieron casi 1,000 niños más durante la luna creciente. Aparentemente es más fácil concebir en ese lapso. Mucho más interesantes son los resultados obtenidos por el investigador alemán W. Buehler. En un análisis de 33,000 nacimientos, el Dr. Buehler descubrió una preponderancia significativa de varones durante la Luna creciente. Estos conocimientos, en combinación con las técnicas médicas que afectan la fertilidad y el sexo, podrían ayudar a la planeación de sus hijos.

APROVECHAMIENTO DEL VIENTO SOLAR

La Luna no es el único cuerpo celeste que provoca ciclos en los seres humanos. El Sol, recurso básico de la vida en la Tierra, tiene su propio ritmo, lo que produce ciclos en la vida humana y animal. Desde el sigo XIX los astrónomos notaron que existe un ciclo de manchas solares de once y veintidós años; es decir, durante ciertos años es difícil observar manchas en el Sol, mientras que otros éste aparece como si tuviera acné juvenil. No obstante, no fue sino hasta la década de 1930 que a alguien se le ocurriera que algo tan lejano pudiera afectarnos. Durante la fecha pico de manchas solares de la década de 1930, el Dr. Miki Takata descubrió que el serum de la sangre humana se veía afectado por la radiación solar emitida por las manchas del Sol. Durante el mismo periodo se descubrió que las emisiones de las manchas influían en diversas cosas, como el tamaño de los aros de los árboles y la cantidad de interferencias de radio provocadas por cierta amplitud de banda.

Durante la Segunda Guerra Mundial las fuerzas armadas estaban consternadas por el posible colapso de comunicaciones que podrían provocar las manchas y tormentas solares por lo que solicitaron al ingeniero electrónico de la RCA, John Nelson, un método de predicción de tormentas solares. Nelson pensó que las únicas variables que podrían afectar las turbulencias de la superficie solar serían los planetas que lo rodean. Elaboró un sistema de tablas de relaciones entre el Sol y los demás planetas y descubrió que cuando existía cierta relación angular entre ellos se desataban las manchas y tormentas magnéticas en el Sol. Hasta la fecha, su sistema de predicción ha resultado certero en un 95 por ciento y el Profesor K. D. Wood, de la Universidad de Colorado, ha demostrado la hipótesis de que los planetas ocasionan "mareas" solares.

Recientemente muchos científicos han sugerido que los ciclos de manchas solares son decisivos para la formación del clima. Es más, durante un periodo de setenta años entre los siglos XVII y XVIII, se interrumpió el ciclo y desaparecieron las manchas sin razón aparente. En aquel momento Europa padeció el periodo más gélido de su historia, llamado la "Pequeña Era Glaciar". El astrónomo John R. Gribbin y el astrofísico Stephen H. Plagemann incluso especularon que las manchas solares y los ciclos planetarios están relacionados con los terremotos, y en el futuro una rara alienación planetaria podría desencadenar un devastador terremoto en California. Cuanto más se estudia este tema más importantes resultan los ciclos solares.

HISTERIA MASIVA

La cantidad de radiación solar que recibimos, que está determinada por los ciclos de manchas solares, puede tener un profundo significado histórico. El profesor soviético A.C. Tchyivsky ha encontrado la correlación entre el ciclo de once años con lo que llama un "ciclo de excitación masiva" mundial. Descubrió que eventos históricos como guerras, migraciones, cruzadas, sublevaciones y revoluciones se acumulan durante los periodos críticos de manchas solares. El 60 por ciento de estos eventos ocurre en el lapso de tres años alrededor de las fechas pico de manchas solares, mientras que sólo el cinco por ciento tiene lugar en el periodo intermedio. Parecería que estas influencias rigieran los asuntos de las naciones además de los individuales.

PRETEXTOS GUBERNAMENTALES

¿Podrían influir los ciclos planetarios en los sucesos humanos individuales? Si la respuesta fuera que sí, entonces la investigación de éstos se parecería mucho a la astrología, un tema en el que la mayoría de los científicos no está dispuesta a profundizar.

El proyecto basado en la Comisión para la Energía Atómica de los Laboratorios Sandia de Albuquerque, Nuevo México, dio como resultado un informe titulado "Inquietantes patrones de accidentes fundamentados

17

UNITED STATES
ATOMIC ENERGY COMMISSION
WASHINGTON, D.C. 20545

FEB 10 1972

Mr. John W. Townley, Jr.
Editor, The Astrological Review
520 Fifth Avenue
New York, New York 10036

Dear Mr. Townley:

This is in response to your written inquiry of February 6. There are no copies of the Sandia report "Intriguing Accident Patterns Against a Background of Natural Environmental Features" available at AEC Headquarters. You may be interested in contacting Sandia Laboratories at P. O. Box 5800, Albuquerque, New Mexico 87115. Thank you for your interest.

Sincerely,

Martin Mann
Public Information Officer
Office of Information Services

SANDIA LABORATORIES
SANDIA CORPORATION
ALBUQUERQUE NEW MEXICO 87115

February 23, 1972

John W. Townley, Jr., Editor
The Astrological Review
520 Fifth Avenue
New York, N. Y. 10036

This is in response to your letter expressing interest in the report entitled Intriguing Accident Patterns Plotted Against a Background of Natural Environment Features.

This report was not intended for general release. Some copies were sent to people who provided input to the report, and one of these reports evidently came to the attention of Time.

The report was a treatment of data which appeared to have correlations with environmental phenomena. Upon closer scrutiny and more scientific treatment of the data, it is now our opinion that the data is inadequate to draw significant conclusions.

We therefore do not intend to further distribute this report.

Yours truly,

L. M. Jercinovic, Manager
Security and Safety Standards
Department - 3510

LMJ/hs

en las características del ambiente natural" el cual correlacionaba los accidentes laborales de los empleados del gobierno durante un periodo de 20 años con los fenómenos naturales. Este informe preliminar (los investigadores sugirieron que estaba pendiente un estudio ulterior) puso en evidencia que aumentaban los accidentes junto con las manchas solares y —lo que es más intrigante y "astrológico"— que la gente era más propensa a sufrir accidentes durante la fase de la Luna igual u opuesta a la de su nacimiento.

Si se hubiera permitido continuar con esta investigación habrían surgido más evidencias asombrosas. Pero se le cortaron las alas. Poco después de terminar esta investigación cayó en manos de la revista *Time*, que hizo burla de ella el 10 de enero de 1972 con el artículo titulado "Científicos lunáticos" ilustrado con un grabado de doncellas bailando como locas bajo la luz de la Luna llena.

Eso era todo lo que el Congreso necesitaba para eliminar el proyecto y suprimir el informe. Cuando en 1972 escribí a la Comisión para la Energía Atómica, y a Sandia, me contestaron que dicho informe no se podía distribuir y que ni yo ni ningún otro contribuyente podía revisarlo. El informe permaneció clasificado hasta 1977 en que volví a solicitar una copia, esta vez amparado por el Acta de Libertad de Información. Al principio me dijeron que se habían perdido todas las copias externas, pero mediante los persistentes esfuerzos de un oficial de la Administración para la Investigación de la Energía, Sandia fue finalmente presionada a entregar una copia del informe, acompañada de una carta en la que se me advertía de no creer en su contenido.

J.E. Davidson, quien fue el autor del informe, junto con un equipo de compañeros científicos, me contó por teléfono que lamentaba que se hubiera detenido la investigación. El equipo presentía que había encontrado algo interesante y, salvo por la publicidad prematura y un periodista entrometido, podría haber contribuido de manera significativa a la investigación de los ciclos. Sin embargo, su trabajo fue echado a la papelera. Esto sucede cuando el Congreso es el que manda.

LAS ESTADÍSTICAS NO MIENTEN; LOS QUE LAS MANEJAN, SÍ

Probablemente el más destacado trabajo que correlaciona los ciclos planetarios con los sucesos y tendencias de la vida de los individuos fue el del psicólogo y estadístico francés Michel Gauquelin. A mediados de la década de 1960, él se propuso reunir pruebas estadísticas que demostraran lo incierto de la astrología y analizó las posiciones planetarias del nacimiento de profesionales, tomando ejemplos en cantidades tan grandes como son 10,000, 15,000 o 20,000. Los astrólogos siempre han tenido el convencimiento de que el planeta que asciende sobre el horizonte a la hora del nacimiento de una persona influye en la elección de su profesión.

Gauquelin pensaba que la tarea que se había encomendado era tan fácil como comerse una rebanada de pastel. Lo único que tenía que hacer era demostrar que el planeta asociado con los logros deportivos, Marte, caía en puntos aleatorios del mapa planetario natal de 10 o 15 mil atletas, y con ello quedaría refutada la teoría astrológica. Para recalcar aún más este punto investigó también varios grupos de doctores, abogados, escritores y demás profesionales que la astrología tiene relacionados con determinados planetas.

Para la sorpresa de Gauquelin, los resultados fueron exactamente lo opuesto a lo que esperaba. Marte aparecía ascendiendo o culminando en gran cantidad de las cartas natales de los atletas. De modo similar, Júpiter aparecía en banqueros, Saturno en doctores, Mercurio en escritores, etcétera. Gauquelin quedó estupefacto. ¿Cómo era posible que hubiera demostrado este ejemplo astrológico en lugar de haberlo refutado?

De hecho hizo mucho más, ya que sus datos no sólo confirmaron las asignaciones astrológicas tradicionales sino que también descubrió algunas nuevas. Por ejemplo, en los escritores, el planeta asociado generalmente es Mercurio. Gauquelin descubrió que Mercurio era un planeta realmente significativo en las cartas natales de escritores, pero también vio que la Luna era de igual importancia, cosa que algunos astrólogos no habían establecido nunca.

El trabajo de Gauquelin demostró el hecho de que las posiciones planetarias afectan la disposición, el talento y la dirección tomada por los seres humanos, y que dichos efectos pueden determinarse de modo específico mediante métodos científicos como el análisis estadístico y de probabilidades. Sus estudios posteriores mostraron significativas correlaciones entre padres e hijos.

Cuanto más se investiga en relación a los efectos planetarios más claro queda que debemos confiar más en la observación que en las meras creencias astrológicas para poder entender dichos efectos. Esto lo digo porque las investigaciones han llegado a encontrar tantos errores como verdades en la astrología tradicional.

Resulta comprensible, ya que la sabiduría astrológica es un conjunto de observaciones sin correlación reunidas durante miles de años y mezcladas con diversas creencias religiosas, aunque nada de ello sea compatible con las técnicas de investigación modernas. La astrología tradicional se puede usar como punto de partida para la investigación, pero no como un parámetro fidedigno. En la actualidad se está elaborando un nuevo conjunto de parámetros analíticos que se basa en la observación concreta y en el pensamiento lógico en vez de en suposiciones místicas o tradiciones pasadas. Se siguen dos caminos de investigación principales: el asociativo y el causal.

La investigación basada en la relación física de causa/efecto entre los ciclos planetarios y la conducta humana sigue en una etapa infantil pero avanza rápidamente. Según las experiencias recientes, la conexión que actualmente ha sido más apoyada es la gravitacional o la electromagnética. Se ha demostrado que la manipulación de campos magnéticos leves alrededor del cerebro de animales de laboratorio puede afectar seriamente a la conducta aprendida y en ocasiones hasta perjudicarla. Los niveles que se utilizaron fueron similares al electromagnetismo leve que ejercen los cuerpos planetarios, por lo que podemos deducir que el electromagnetismo planetario afecta a los seres humanos de una forma similar aunque tal vez no tan drástica. Todavía no han quedado al descubierto los mecanismos neurológicos o bioquímicos relacionados con ello, sólo ha quedado establecida su existencia.

Es más, se cree que la alta actividad hormonal y bioquímica que tiene lugar durante el trauma del nacimiento podría actuar como una especie de cemento, fijando todos los patrones de emisión electromagnética que se perciben al nacer. Estas teorías van más lejos al explicar los fenómenos que se han observado, pero todavía no se cuenta con un modelo fisiológico completo en el que poder basarse. Sin embargo, podría existir un tercer modelo matemático y físico, relacionado con la teoría del fractal, el caos y la complejidad, que explicaría las observaciones de los fenómenos astrológicos. Esto lo veremos en un capítulo posterior.

Las técnicas de la investigación asociativa que figuran entre los patrones de conducta y los ciclos planetarios están mucho más avanzadas que la investigación de las causas. Gauquelin fue el primero que las usó, pero existen muchos más investigadores, de los cuales Lieber, Davidson, Nelson, Tchyivsky, Jackson y Buehler son tan sólo unos pocos. Se ha intentado relacionar los movimientos planetarios con suicidios, enfermedades, conducta sexual, accidentes de auto, ciclos financieros e incluso la crianza y protección de perros y gatos. Como en cualquier otro campo, unos estudios son mejores que otros; algunos parecen llegar a conclusiones muy exactas, y otros no demuestran nada. Se necesitarán varios años de investigación y análisis antes de llegar a un conocimiento fidedigno y relativamente completo.

No obstante podemos empezar a utilizar nuestro conocimiento siempre que tengamos cuidado de abordar temas que hayan sido explorados con resultados suficientemente consistentes. El tema que tratamos en este libro es uno de los que han sido verificados a través de 17 años de asesoría e investigación de mi parte, junto con el trabajo de otros investigadores, en concreto, Gauquelin.

CICLOS PLANETARIOS Y
PERIODOS CRÍTICOS DE LA VIDA

Los periodos psicológicos críticos de la vida son uno de los temas que se pueden relacionar con los ciclos planetarios, tema sobre el que están de acuerdo la mayoría de los psiquiatras y psicólogos, y que fue popularizado por el best-seller *Passages*, de Gail Sheehy.

Si se toman los ciclos naturales de los planetas más lejanos a la órbita de la Tierra (los interiores, Mercurio y Venus, parecen moverse con el Sol desde nuestro punto de vista) y se elabora y gráfico de manera que los puntos más altos de sus ciclos estén en la posición natal y el punto más bajo en su opuesto, a 180°, se obtendrá un gráfico parecido a la Figura 1. Al principio parece un poco confuso pero muestra un interesante tipo de simetría. Si eliminamos los planetas Neptuno y Plutón, que nunca completan un ciclo en la vida de una persona ya que sus periodos son de 164 y 245 años respectivamente, y se hace un promedio de todos los demás ciclos juntos se obtiene un gráfico mucho más simple (Figura 2).

La Figura 2 describe con bastante claridad un total de 11 picos y valles, de los cuales todos menos el último (sobre el cual se han hecho muy pocos estudios) coinciden con los periodos vitales críticos generalmente aceptados. Son como sigue:

I. *Nacimiento e infancia* (del nacimiento hasta los tres años). Un periodo bullicioso, de libertad y exploración del mundo recién descubierto.

II. *Primera infancia* (de los tres a los nueve años). Es el momento en que se deben aprender las reglas del mundo y se establecen las restricciones que el sentido común impone al espíritu originalmente libre.

III. *Segunda infancia* (de los nueve a los trece años). Periodo durante el cual se han dominado las reglas y el mundo vuelve a convertirse en un lugar de maravillas y exploración, antes de que comiencen a presentarse las inesperadas complicaciones de la pubertad.

IV. *Adolescencia* (de los trece a los veintiún años). Es un periodo difícil, en el que hay que aprender a concerse a sí mismo y a asumir las responsabilidades de la edad adulta mientras se está todavía bajo las restricciones paternas.

V. *Juventud* (de los veintiún a los treinta y siete años). Es la primera parte importante de la vida, cuando se tiene el espíritu elevado para conquistar el mundo y destacar en algún género de cosas.

VI. *Edad mediana* (de los treinta y siete a los cincuenta). Es el periodo crítico más importante, cuando uno se da cuenta de que no ha conquistado el mundo y ya no es joven. Este periodo obliga a un reordenamiento radical de la autoimagen y la adopción de metas más espirituales y tangibles.

23

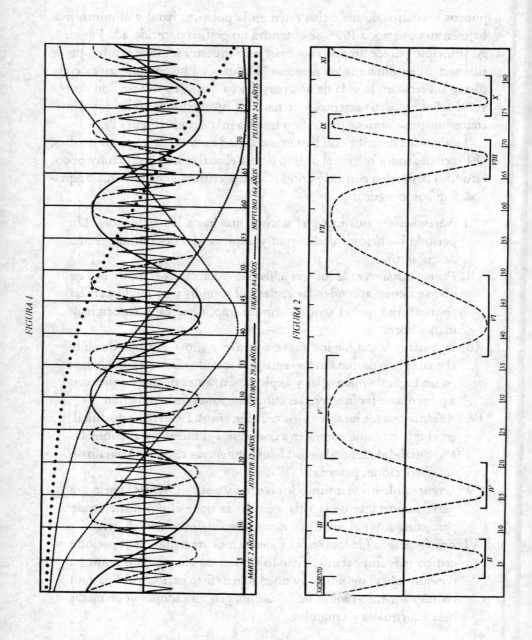

FIGURA 1

FIGURA 2

MARTE 2 AÑOS JÚPITER 12 AÑOS SATURNO 29.5 AÑOS URANO 84 AÑOS NEPTUNO 164 AÑOS PLUTÓN 245 AÑOS

NACIMIENTO

II III IV V VI VII VIII IX X XI

VII. *Madurez final* (de los cincuenta a los sesenta y cuatro). Es el segundo periodo importante de la vida en el cual se puede continuar evolucionando y a la vez gozando los frutos de los logros anteriores. En este periodo la mayoría de las personas están en el punto culminante de su carrera y han desarrollado ciertos talentos creativos a la vez de la experiencia adquirida en su campo.

VIII. *Jubilación* (de los sesenta y cinco a los setenta y un años). Cuando se acaba la vida laboral y debe enfrentarse el espectro de la muerte integrándolo a la vida.

IX. *Vejez* (de los setenta y uno a los setenta y cinco). Uno se alegra de estar vivo con el "tiempo prestado" y disfruta cada día al máximo.

X. *Senilidad* (de los setenta y cinco a los ochenta y un años). Es un periodo en que se retira de la sociedad, a veces relacionado con una demencia o alienación real. Todos los amigos van desapareciendo y el mundo sigue su curso, lo que a menudo causa una depresión.

XI. *Renacimiento* (de los ochenta y uno en adelante). Periodo en que la gente que logra sobrevivir suele regresar a la sociedad y empezar de nuevo a hacer cosas, excepto la que tiene algún impedimento físico grave.

Los últimos dos o tres periodos suelen verse afectados por el deterioro de la salud o incluso pueden no llegar a alcanzarse, pero los demás son ciclos vitales generalmente aceptados por los que todos nosotros atravesamos, suele variar su intensidad dependiendo de diversas circunstancias que pueden atenuarlos o acentuarlos.

Una correlación de los ciclos de la vida con los ciclos planetarios frente a las posiciones del nacimiento indica que éstas son muy significativas en cuanto a la conformación de la personalidad, particularmente en relación con los últimos ciclos planetarios. Si vamos un poco más lejos, ¿qué encontraríamos si se aplicaran estos mismos ciclos a las posiciones natales del horizonte y del mediocielo, que según Gauquelin son tan importantes para determinar la profesión? ¿Tendrá la vida profesional altos y bajos similares a los ciclos vitales?

La respuesta es sí. Para la inmensa mayoría de los cientos de personas a los que he aconsejado durante los últimos 25 años, los patrones profesionales se pueden describir muy certeramente aplicando esta técnica. De hecho existen 12 ciclos determinantes que coinciden con las 12 casas del horóscopo natal, los cuales, si se aplican a los ciclos planetarios normales, dibujan las líneas no sólo de las diferentes facetas de la vida profesional de una persona, sino también los periodos de aprendizaje concomitantes que influyen en la reacción ante los ciclos venideros. Como sus efectos son a veces muy subjetivos, la tarea de cuantificar dichos ciclos sería inmensa y quizás imposible de cumplir en un futuro próximo. Los estudios profesionales y la definición de éxito pertenecen más al reino de la psicología que al campo de la estadística. Sin embargo, esto no nos impediría utilizar lo que se ha descubierto hasta la fecha y comprobarlo aplicándolo a las situaciones de la vida diaria. Hasta ahora, durante mis 25 años de ejercicio como asesor, he encontrado que el entendimiento y la utilización consciente de dichos ciclos ha mejorado sustancialmente la carrera y la vida de mis clientes. Mediante la observación de las fuerzas externas que se ponen en juego, cada individuo se hace consciente de sus ciclos y es capaz de alterar su postura o actitud para sacar ventaja de ellos en lugar de batallar en su contra. Aprende a tomar las riendas en vez de dejarse llevar por ellas.

Desafortunadamente la mayoría de la gente no sabe cuáles son estas influencias cíclicas, cuándo ocurren o cómo usarlas. Nadan en un mar de fenómenos de los cuales no saben nada y se preguntan por qué no salen bien las cosas (o, por el contrario, por qué a veces sí salen bien de manera misteriosa). Por tanto, atribuyen sus éxitos o fracasos a la buena o la mala "suerte". Pero no existe lo que llamamos suerte, es simplemente un conjunto de fuerzas que están fuera de nuestro conocimiento. Dichas fuerzas son el tema de este libro. Probablemente usted ha permanecido hasta ahora ignorante de que los ciclos planetarios ejercen una influencia sobre usted, ocasionando mucha "mala suerte" e impidiéndole explotar el máximo potencial de su "buena suerte". Ahora puede observar estos ciclos y ponerlos a su favor. Cuando haya acabado de leer este libro se dará cuenta de que muchos de los eventos y tendencias que ocurrieron en su pasado podría haberlas prevenido y tal vez modificado para su bien. Lo que es más importante, será capaz de ver qué le espera y sabrá cómo manejarlo para que usted llegue a la cima y no al sótano.

Desde luego que los ciclos no son los únicos factores desconocidos que intervienen en nuestra vida o nuestra carrera, y no se puede llegar a dominar al 100 por ciento el destino aprendiendo acerca de ellos. Pero sí son de gran ayuda y sería una tontería ignorarlos. Es como si escucháramos el pronóstico del tiempo: no somos capaces de detener la lluvia, pero sí estamos en condiciones de salir con un paraguas para no empaparnos.

En este libro se halla mucha información, y debe leerse con detenimiento, no por encima. Si usted solamente toma partes sueltas o no pone cuidado en determinar cuáles son sus ciclos sólo conseguirá un resultado parcial, y por lo tanto un éxito limitado. Si lo toma con calma, paso por paso, obtendrá mayor avance para controlar su destino. Como cualquier otra herramienta, si utiliza esta información apropiadamente podrá sacarle el mayor partido.

Capítulo 2

Bases físicas
de la astrología

Lo siguiente es un modo revolucionario de hacer frente a la realidad, que podría darle a la astrología y a los ciclos relacionados con ella, una base mucho más sólida en la teoría y en la práctica. No es para los pusilánimes, pero un par de lecturas bastan para tener una idea clara y transformar la idea de cómo funciona el ambiente que nos rodea. El texto siguiente no es necesario para poner en práctica el resto del libro; no obstante, si está usted muy ocupado, sáltelo y léalo en otro momento... se alegrará.

Antes de abordar las aplicaciones prácticas de los ciclos astrológicos, es aconsejable resaltar la notoria carencia que tiene este arte: la falta de una base física para su aplicación. La mayoría de las ciencias poseen una estructura que explica con exactitud su funcionamiento (física, química, biología), y las que carecen de ella son tildadas de ciencias de "segunda" (psicología, sociología). Dentro de las ciencias consideradas "de verdad", si se comete un error, se puede retroceder en la línea de sucesión de causas y efectos, hasta encontrar el fallo y corregirlo. Hasta ahora, en la astrología no se puede hacer eso porque nadie sabe exactamente cómo o por qué funciona (o por qué a veces no funciona). Si uno comete un error debe encogerse de hombros sonriendo apenado o, si se es menos honesto, se intenta darle la vuelta o encubrirlo.

¿Cómo y por qué tienen influencia los planetas en los eventos de la Tierra? ¿De qué forma se relacionan directamente el Sol, la Luna o Júpiter con los hechos de nuestra vida? ¿Qué mecanismo explica las relaciones asociativas entre lo que sucede allá arriba y lo que pasa aquí abajo?

Durante años se han puesto en el tapete diversas explicaciones, desde la provocativa hasta la inefable. Dentro de la primera categoría, la gravedad o el electromagnetismo, las manchas solares y el viento solar son las favoritas. De entre las segundas, la de los rayos espirituales que emanan de los planetas, que representan las almas de seres superiores, es mi favorita. Nadie tiene mucha evidencia para continuar, salvo la sinceridad de sus seguidores. Podría haber otra explicación, que abarque todas las demás (como hacen todas las buenas teorías) y proporcione una nueva manera de ver la realidad con cabida para todo.

El problema de establecer una relación entre la astrología y la ciencia moderna ha sido que tienen un punto de vista o una serie de paradigmas mutuamente incompatibles. La ciencia no admite que haya una realidad física que haga que los planetas distantes provoquen un efecto apreciable en la vida en la Tierra; en cambio la astrología supone que existe una realidad en la cual las estructuras básicas de la conducta en la Tierra están ligadas a los planetas por un mecanismo desconocido pero demostrable en sus efectos prácticos. Cuando se les apremia a dar una explicación más específica acerca de estas conexiones desconocidas, los astrólogos esbozan conceptos vagos como el subconsciente colectivo o la sincronía no causal, conceptos que se atribuyen a Jung, que trató de traspasar los límites entre la ciencia y la espiritualidad con resultados muy limitados.

La ciencia pura, desde luego, desaprueba estos principios e insiste en solicitar una teoría formal que pueda describirse y demostrarse en la realidad física. Así es el método científico moderno. Es más, no acepta en absoluto ningún resultado astrológico, estadístico o de otro género sin una teoría que pueda llevarse a la práctica. La astrología persigue algo que percibe de modo intuitivo y obtiene sorprendentemente buenos resultados, por lo que rechaza a la ciencia por ser demasiado complicada y limitada. Son dos paradigmas opuestos, aunque los dos existen y funcionan igual de bien en el mundo real (la realidad *real*, podríamos decir).

Sin embargo, sería válido que existiera esta mutua crítica si hubiera un marco más amplio que abarcara los dos puntos de vista —un paradigma de mayor alcance que permitiera funcionar a los dos sin invalidar a ninguno. Este punto de vista amplio ha permanecido a lo largo de la historia del pensamiento científico y espiritual, y está claro que se está formando un nuevo paradigma que incluye ambas posturas.

¿De dónde procede? Quizás de los conceptos extremos que se encuentran en dos lugares: el primero es el trabajo visionario *Das Gesetz der Serie* (*La ley de los sucesos en serie*), publicado en 1919 por el biólogo Paul Kammerer, que ha pasado prácticamente inadvertido; y el segundo se encuentra en las incipientes teorías de la geometría fractal y del caos. Kammerer busca un verdadero orden causal detrás de los sucesos aparentemente aleatorios, mientras que la teoría del caos/fractal pretende darle una base causal a los fenómenos irregulares. El trabajo de Kammerer es congruente en sus conceptos más profundos aunque no tiene bases matemáticas; la teoría del caos utiliza un elaborado esquema descriptivo y matemático aunque sus conceptos fundamentales parecen incoherentes. Por muchos motivos estas dos teorías parecen complementarse entre sí y las dos tienen profundas implicaciones si se aplican a la astrología y a la ciencia moderna. Lo que las diferencia debe reconciliarse y amalgamarse dentro de una sombrilla ideológica mucho más amplia que podría, ojalá, explicarlo todo. Esta es la gran meta a conseguir, pero por ahora sólo contamos con la cáscara de una nuez para albergar los conceptos que se atribuyen a la astrología.

Ya que la astrología teórica, tal como es por ahora, se ha inclinado sobre todo por los conceptos de Jung en general, y en particular por la sincronía no causal, es conveniente que describamos este último concepto según su autor original, Paul Kammerer. Jung creyó en el concepto de Kammerer y entendió que lo que él proponía era un nuevo principio natural, que coexiste con el principio de finalidad y causalidad, y que explicaría los sucesos aparentemente aleatorios que se solían denominar coincidencias, como las rachas de suerte o la coincidencia entre las posiciones planetarias y el comportamiento humano. En realidad Kammerer hace hincapié, de forma clara y repetida, en un aspecto, hasta ahora insospechado, del funcionamiento de la *propia causalidad*, que amplía el rango de la ley natural.

Cuando algunas cosas se suceden una tras otra y se repiten sin ninguna causa real que las conecte, la ley tradicional de la causa y el efecto nos indica atribuir esa *ocurrencia* particular a causas especiales en cada caso, y su *concurrencia* a la casualidad. La sencilla y bella teoría de Kammerer es que casi siempre debemos poner atención a la *persistencia de condiciones antecedentes*, o sea, la tendencia de cualquier sistema (un "conjunto de cuerpos movidos por un grupo de fuerzas", según él mismo escribe) para mantener sus condiciones iniciales una vez que las fuerzas han dejado de actuar sobre él, siempre que no intervengan otras fuerzas. Esta teoría se parece a la clásica ley de la inercia. Pero, según Kammerer, en un conjunto de cuerpos no es necesario que la persistencia sea uniforme y rectilínea como sería en un cuerpo aislado. Por el contrario, las condiciones iniciales deberían ser en la mayoría de los casos persistentes de un modo no lineal. Se desvanecería su intensidad y permanecerían por debajo del umbral de nuestra consciencia o de nuestra capacidad de observarlas directamente. Cuando salieran a la luz, para cumplir con un evento parecido al primero, su idéntica reaparición parecería deberse únicamente a nuevas causas sin relación alguna.

No obstante, y debido a que en la Tierra no existe ningún sistema completamente aislado, Kammerer llevó esta línea de pensamiento un paso más allá. Cuando intervienen otras fuerzas, el aspecto formal de las condiciones iniciales —su ubicación temporal y espacial— no se dispersa simplemente sino que se transforma en configuraciones similares extendidas o encogidas, o incluso se puede absorber en el trasfondo como parte de una estructura de mayor orden, para resurgir más tarde como un reflejo del original (o, en ocasiones, igual al original), mucho después de que se ha perdido de vista el rastro del original. Esto se relaciona con la repetición de sucesos que son similares a una distancia mayor: en muchos casos son sólo transformaciones de las condiciones originales en las que no nos apercibimos de sus relaciones intermedias. Insisto, no es necesario invocar una serie de causas que expliquen las coincidencias, sino aceptar las ambiciosas generalizaciones de Kammerer acerca de la ley de la inercia.

Aunque dio un modelo demasiado elaborado acerca de cómo deberían funcionar estas interacciones y cómo deberían explicar la mayoría de los sucesos que atribuimos a la extrema coincidencia, Kammerer admitió que le era imposible trazar o incluso recrear los elaborados detalles de ese cambiante flujo de líneas de causalidad hasta que regresan a su forma original o lo más cercano a ella. De todas formas, en teoría, las formas o la información que se emplaza en un determinado ambiente debería mezclarse y desdoblarse repetidas veces y regresar casi por completo en diversos puntos y más o menos al mismo tiempo.

Por supuesto esto explicaría cualquier anomalía si fuera cierto, pero caería en algo que para su tiempo (1919) hubiera sido completamente inaceptable para la ciencia, que era la Segunda Ley de termodinámica, que establece que el orden tiende a degenerar en desorden y no regresa —los sistemas no conservadores (que comprenden la mayor parte de los sistemas que nos encontramos en la vida diaria) caen en la aleatoriedad (a través de la fricción, la pérdida de calor y la interacción con los demás sistemas) y eso es todo. Más tarde o más temprano reinará la aleatoriedad y el Universo llegará a un alto, una conclusión que podrá parecer justificada si se observa el tiempo transcurrido. Hasta donde cualquiera de nosotros ha observado, la ocurrencia de turbulencia y de aleatoriedad en un sistema es de por sí irreversible.

Sin embargo, las recientes observaciones que han conducido a la moderna teoría del caos han detectado lo opuesto. Cuando se observan bajo este nuevo grupo de métodos, los sistemas que aparentemente se han vuelto aleatorios, en el sentido clásico del término, muestran un alto nivel de orden. Más aún, los sistemas que marchan bajo una aparente aleatoriedad total (indescifrable incluso según la teoría del caos) suelen regresar al orden en su totalidad o bajo permutaciones fractales de su orden original cuando se realiza un seguimiento ulterior. En gran medida, los teóricos del caos han puesto en práctica, gracias a las herramientas informáticas indispensables para realizar su trabajo, lo que Kammerer esbozó en teoría medio siglo antes. La única persona que tocó el tema en la época de Kammerer fue Henri Poincaré, cuyo trabajo acerca de la transformación topológica presentó esta tendencia de la forma y la información de replegarse y resurgir a largo plazo, a la cual se suele hacer referencia en la actualidad y que fue ignorada por completo en su tiempo.

Kammerer también visualizó una extensión de la ley de la acción y la reacción —que él denominó como la ley de la "imitación"— que desarrolla su elaboración hasta llegar a la causalidad. Dos cuerpos o conjuntos de cuerpos próximos entre sí tienden a parecerse cada vez más a través de una ecualización de las energías que poseen, y esto no sólo se cumple en el aspecto material o formal. Cualquier par de sistemas oscilantes también tienden a interactuar e imitarse mutuamente en su carácter periódico o "serial", acercándose cada vez más en su organización temporal y tendiendo a asimilarse la periodicidad menos regular a la más regular (igual que los cuerpos más grávidos tienden a controlar cada vez más el movimiento de los más pequeños).

Se trata del fenómeno llamado *cierre de modo* o *cierre de fase*, muy conocido para la ciencia pero no muy bien explicado todavía. Ya en el siglo XVII el científico alemán, Christian Huygens (inventor del reloj de péndulo) descubrió que una habitación llena de relojes de péndulo, al cabo del tiempo, terminan sincronizándose, sin importar lo fuera de sincronía que comenzaran. Sucede el mismo fenómeno en los cuerpos orbitales cuyo periodo de revolución es un pequeño múltiplo de su periodo de rotación (la Luna siempre presenta la misma cara a la Tierra, y cada vez más sucede lo mismo con Mercurio y el Sol, por ejemplo); o en la conducta de diversas ondas (las de cristal de cuarzo y las de radio, ciertas ondas marinas y mareas, e incluso en la coordinación de los fulgores de las luciérnagas). Aunque pueden atribuirse a varios mecanismos de transferencia en cada caso específico (las ondas de sonido a través de las paredes, para los relojes; la presión de la gravedad, para la Luna) el principio parece sostenerse, y con más fuerza en el caso de que los sistemas periódicos más regulares tiendan a absorber a los menos regulares.

La novedad de la comprensión de Kammerer de estos fenómenos reside en la forma en que ve el principio de la inercia incluso aquí: finalmente la periodicidad que toman los sistemas menores de su alrededor se acelerará; retendrá su nuevo carácter periódico como algo endémico, explayándose incluso después de que se hayan roto los sistemas mayores.

Al reunir su principio de inercia generalizado y su especial comprensión del cierre de modo, Kammerer consigue hacer coherentes una serie de fenómenos anómalos: la evolución biológica (por qué cuesta tanto), el juego (la suerte de principiante, las rachas de suerte), la geología y la mineralogía (la formación de cristales), la medicina (patrones epidémicos), e incluso la historia (por qué las ideas destacadas surgen al mismo tiempo, y de qué manera evolucionan las guerras), y mucho más. Sólo alude a la astrología y a la posibilidad de hacerla científica sobre sus propios fundamentos, pero he aquí cómo podrían aplicarse sus principios:

Comenzando por el nivel más amplio, los cuerpos de mayor envergadura que nos deben preocupar aunque su cercanía sea remota, son el Sol y la Luna. Aunque su influencia gravitacional directa sobre los *individuos* que existen sobre la Tierra en un momento determinado es minúscula (tal como los detractores de la astrología están prestos a señalar), sus efectos sobre todo el *planeta* son considerables, hasta el punto de perturbar su órbita por el espacio. Por tanto, todo el planeta está sujeto a una serie de fuerzas, ciclos/ondas de presión gravitacional que se repiten regularmente, las que deberían, según el pensamiento de Kammerer, tender a cerrar el modo de los otros sistemas mayores de la Tierra (mareas de arena y de agua, clima, ciclos geológicos, etc.). A lo largo de la infinitud del tiempo, éstos continúan cerrando el modo de los sistemas más pequeños, no como en una unidad simple y homogénea sino planeta por planeta dependiendo de las frecuencias o resonancias más cercanas asociadas (igual que los diferentes cristales se encierran dentro de diferentes longitudes de onda). Durante millones de años se establecen y se refuerzan continuamente infinidad de series de sistemas integrados.

Según el antiguo modo de ver la física estos sistemas pequeños tienden a decaer enseguida debido a la fricción, la pérdida de calor dentro del espacio, etcétera, pero si el modelo y la información, tal como sugiere Kammerer y muchas aplicaciones de la teoría del caos, *no se pierde* sino que solamente se transforma en otras formas relativas, todo el sistema y cada una de sus partes evolucionará bajo un equipo, motivado y codificado por las presiones del sistema planetario, continuamente reforzado por él. El ritmo gravitatorio original de cada planeta iría poco a poco convirtiéndose en una multiplicidad de sistemas menores asociados originalmente con su frecuencia (algo parecido a una serie armónica pero menos penetrante), todo ello interactuando dentro de la diversidad pero saliendo a relucir constantemente en formas más parecidas a la original y en mutua sincronía. Por lo tanto, la "sincronía" es de por sí una condición más de la causa-efecto, pero en el tiempo en lugar de en el espacio. Se podría decir que cuando Marte regresa a un lugar determinado de su órbita, por ejemplo, los sistemas terráqueos reciben el efecto de ese suceso como un refuerzo de un pulso desarrollado durante billones de años en mayor medida que cuando sucede un tránsito particular en este preciso instante—el momento del tránsito actual indica simplemente que un grupo de sistemas relacionados con Marte está en sincronía y reforzando el mismo grupo de efectos sucesivos—. Naturalmente, este plan de efectos de un tránsito individual no sería siempre instantáneo y exacto, pero variaría y se aproximaría de acuerdo al desarrollo de los sistemas inferiores, una especie de confiabilidad inexacta que suele observarse en la astrología, que aturde a los astrólogos y reconforta a sus detractores. De hecho debe haber una clave que explique cómo funciona realmente todo el sistema.

Este modo de pensar nos llevaría ciertamente a una influencia acumulativa de otros cuerpos planetarios hasta llegar a los más recónditos sistemas terráqueos, la vida y demás. Pero, ¿qué sucede con el horóscopo natal?, ¿cómo se explica?, ¿qué pasa en el nacimiento que permite que los demás sistemas interactúen toda una vida? La respuesta está en la "persistencia" de Kammerer o en la inercia pura. En el momento de nacer (el primer aliento, de hecho) el bebé se convierte en un cuerpo independiente, una constelación de elementos y fuerzas que *tienden a mantener la materia prima de sus condiciones iniciales*, siendo esta materia prima el conjunto de condiciones presentes en su iniciación. Es más, ya que los sistemas vitales son sistemas *recurrentes* (sistemas de retroalimentación que se mantienen por sí mismos), el desarrollo consecutivo de ese sistema es mucho más resistente al cambio que el de un sistema no recurrente como una espiral. De hecho esto se podría aplicar a cualquier otro sistema recurrente o que al menos tienda a mantenerse, como un viaje, un país o una corporación, para los que también suelen usarse los horóscopos. Naturalmente los tránsitos son sencillamente momentos en los que ciertas partes del resto del conjunto se superponen a la condición inicialmente establecida y pueden afectarla. Más aún, puede observarse fácilmente, bajo este punto de vista, que las otras técnicas astrológicas invocadas de manera misteriosa *son sencillamente una forma de ver los tránsitos y sus implicaciones futuras a través de una simple transformación fractal* (de hacer un día equivalente a un año, por ejemplo), un punto de vista que sería lógico según la teoría del caos o las de Kammerer.

Muchas de estas suposiciones se prestan a diversas exploraciones experimentales, como la comparación de los patrones de nacimiento con los hechos que significan ciclos planetarios frente a las posiciones observadas y otras cosas semejantes. Es mucho más fácil obtener resultados cuando se trabaja dentro de una estructura teórica como ésta que cuando simplemente se divaga observando fenómenos inconexos sin saber qué es lo que se está buscando. Los datos de Gauquelin se podrían utilizar como comienzo de tal análisis experimental.

Una vez que se establecen los conceptos fundamentales, la idea es sencilla; sin embargo, es necesario explorarlos de una manera metódica utilizando las matemáticas combinadas de la teoría del caos y el análisis de las ondas dentro del punto de vista estructural encabezado por Kammerer, una labor que ya se ha comenzado (algunos de estos trabajos se han expuesto en conferencias o como tema de un artículo), pero no tenemos espacio aquí para exponer todo ello. Hacer que todas las piezas encajen requerirá de más trabajo para lograr llenar los huecos de diversas áreas: los límites definidos (aunque no necesariamente correctos) de la teoría del caos en el nivel del quantum, por ejemplo, y cuáles son los parámetros reales (si es que hay alguno) de la forma entrópica real o de la pérdida de energía, por poner dos de las más importantes a abordar aunque demasiado extensas y técnicas como para tratarlas aquí.

No obstante, aunque estemos tocando una parte ínfima del asunto, las ventajas de esta aproximación son obvias: proporciona una nueva visión de la astrología y la física que no contradice ninguno de los principios de cualquiera de ellas, y que como es matematizable se podría llevar de la teoría a la práctica sin cuestiones de fe, ni gratuitas eliminaciones de las anomalías poco convenientes, ni basándose en el punto de vista conflictivo de la estadística.

Capítulo 3

Los ciclos mensuales y anuales

EL CICLO MENSUAL O LUNAR

La Luna tarda 27 días y medio en completar un ciclo, un ciclo que puede ser importante para planear el horario de trabajo, para buscar empleo. Se puede observar en qué fase está la Luna un día determinado consultando los almanaques —El *Antiguo Almanaque de Moore* tiene incluso una completa efemérides de todos los planetas, que puede resultar de gran ayuda para trazar otros ciclos. No es aconsejable usar el *Antiguo Almanaque del Granjero*, porque da las posiciones de la Luna en las constelaciones (16 de ellas) en lugar de en los signos del zodiaco. Muchos calendarios populares dan la posición diaria de la Luna.

El momento más importante del ciclo lunar es cuando la Luna está por encima del Ascendente de cada persona. Éste suele ser el momento más ajetreado del mes y en el cual se tiende a tener una apariencia mejor ante los demás. Es por lo tanto el mejor momento para realizar entrevistas de trabajo o para cerrar tratos a nuestro favor. ¿Por qué sucede esto sería lo que todos nos preguntaríamos, pero, tal vez, como sugiere el Dr. Lieber, la Luna tenga una influencia en todo el mundo, y cuando se coloca en la posición del Ascendente de alguien, le hace atractivo para los demás. Por el contrario, cuando la Luna se encuentra en el lugar opuesto, a seis signos de distancia, las cosas se tranquilizan y están menos dispuestas a salir a su favor.

El segundo momento de importancia de este ciclo es cuando la Luna está en el mismo signo que el de uno. En ese instante se debe sentir el punto máximo de energía dentro del mes. Cuando la Luna está en la posición opuesta a la del Sol de nacimiento (a 180°, ya que cada signo abarca 30°) se siente el punto más bajo de energía y es el momento más propicio para contraer un resfriado ya que las resistencias están bajas.

Si, como en una de las doce casas, su Ascendente cae en el séptimo signo a contar desde el de su Sol, los efectos tienden a desaparecer y usted tan solo descubrirá los puntos álgidos de la Luna mediante la observación de un periodo de tiempo. En todo caso, es práctico observar el ritmo lunar porque puede desatar pequeños cúmulos de actividad en determinados signos, dependiendo de la colocación de los planetas en su mapa natal. Cuando usted establezca un ritmo determinado tendrá la ventaja de saber qué momentos del mes serán más activos en general y no querrá sobrecargarse de trabajo sino más bien lo reservará para realizar las cosas importantes que necesitan del máximo de su capacidad.

Hay un segundo ciclo lunar, muy bien documentado (esbozado en el Capítulo 1), que dura 29 días y medio que comprende las distintas fases desde que la Luna está llena hasta que vuelve a llenarse. Se pueden encontrar las distintas fases de la Luna en los calendarios y en muchos periódicos. Si el cielo está despejado sólo hay que mirar hacia arriba. Si no se ve la Luna ni de noche ni de día es que es Luna nueva. Si se ve de noche va de llena a nueva (menguante); si se ve de día es que va de nueva a llena (creciente), como regla general. Si está en la fase de Luna llena, saldrá al anochecer y no debe perdérsela.

Como afirmación categórica podría decirse que la Luna llena produce un mayor estado de tensión y excitación en los seres humanos, los animales y las plantas. Esto está muy bien documentado por muchas investigaciones. Por tanto, durante la Luna llena el juicio puede verse influido por estos sentimientos, conocimiento que puede utilizar a su favor.

Por ejemplo, la Luna llena es mejor momento para hacer una fiesta o para el amor que para hacer un trabajo importante que requiera una mano firme y un juicio imparcial. Los pasatiempos en los que lo inesperado forma parte de la diversión sacan provecho positivo y creativo de esta energía y tensión extrema. Para realizar tareas más sobrias durante este periodo sería necesario reprimir estos sentimientos exacerbados. Al intentarlo tal vez se encuentre mayor dificultad y con ello un peor desempeño. Es el momento menos indicado para realizar una entrevista de trabajo, por ejemplo, ya que la sensación general de tensión que le afecta tanto a usted como a su contratante no actuará a su favor. Pasa lo mismo en cuanto a importantes contratos o tratos financieros, ya que todas las partes afectadas se sentirán en cierto modo inseguros y tenderán, en el mejor de los casos, a tener dudas acerca del acuerdo, y en el peor, a desbaratar todo ante sus propios ojos. Haga como los madereros y tale sus árboles lo más lejos posible de la Luna llena. La Luna nueva también produce cierta tensión pero no tanta y es mucho más fácil usarla de modo creativo.

Es un buen consejo, basado en firmes estadísticas, pero a continuación le presento un ejemplo personal. Durante muchos años actué durante las noches de verano con un grupo de cantantes de melodías marinas en los muelles del Museo South Street Seaport de la ciudad de Nueva York. Es un pasatiempo muy agradable cantar las antiguas y malhumoradas canciones folklóricas acerca de trabajar y beber bajo los palos altos de los antiguos aparejos del siglo XIX encallados allí.

Pero yo observé cierta aceleración las noches que había Luna llena. Es impresionante ver el movimiento de la Luna mientras asciende por la rivera oriental y eleva la marea casi hasta arriba del muelle. Como cantante nunca se sabía qué iba a pasar ni en las filas del coro ni en las doscientas personas del público. Esas noches solían ser o las mejores o las peores del verano, dependiendo de cómo las manejáramos. Si tratábamos de hacer un conjunto de canciones ordenado y bien planeado todo se desbarataba inevitablemente y la noche era un fracaso. Se rompían las cuerdas de la guitarra, se nos olvidaban las letras de las canciones, todo el mundo desafinaba y sonábamos fatal. Por otro lado, si nos limitábamos a actuar sobre la marcha todo el mundo lo pasaba bien y la noche se volvía divertida y espontánea.

Nuestro grupo no vivía del canto, por lo que no era cuestión de vida o muerte, pero si hubiéramos sido un grupo de música pop realizando una importante audición, hubiera sido un desastre profesional que habría echado por tierra la "gran oportunidad" que todo músico busca. Hombre prevenido vale por dos.

EL CICLO SOLAR O ANUAL

Al igual que la Luna, el Sol ejerce un influjo periódico sobre nosotros, pero su fuerza es mucho mayor, es lo que ocasiona el movimiento orbital de la Tierra, determina las estaciones y nos mantiene vivos. El ciclo solar dura 365 días y un cuarto, sirve mucho para determinar el ciclo de energía y salud personal y suele establecer la estación del año en la que se está en plenitud (Figura 3).

Se puede mirar la posición del Sol en cualquier momento del año como la guía para saber de qué modo ejerce su influencia positiva, favorable o "luminosa" sobre nosotros. Cuando esta energía lleva la misma dirección que el Ascendente se obtienen los beneficios de esa energía positiva en el trato con los demás. Por lo tanto durante esa parte del año usted estará más ocupado, y será el auténtico punto de partida de su año en el terreno profesional. Puede darse el caso de que ejerza una profesión en la que la

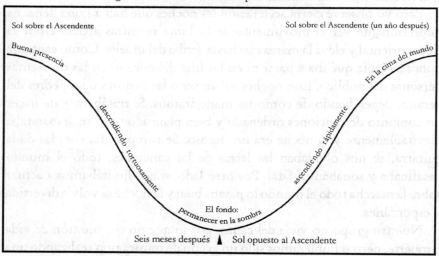

Figura 3: Ciclo anual del Sol respecto al Ascendente

mayor parte del trabajo se lleve a cabo en un periodo del año en el que el Sol no está cerca de su Ascendente. Por ejemplo, conozco a un escritor, que obtiene la mayoría de sus encargos a mediados o finales del verano, cuando el Sol pasa por su Ascendente en Leo, aunque la industria editorial considere ese periodo como "temporada muerta", ya que todo el mundo sale de vacaciones. De algún modo, este escritor se las ingenia para conseguir todo el poquito trabajo que hay en esa época mientras los demás se quedan amargados.

Sin embargo, como regla general, esa clase de posiciones son en realidad una desventaja. A veces simplemente no hay nada que hacer durante su periodo laboral favorable del año así que desperdicia su mejor momento. Es mejor elegir una profesión o una industria en la que se manejen los trabajos o encargos más importantes durante el periodo del año en que el Sol pasa por su Ascendente. Esto lo colocará automáticamente a la cabeza sin influir en los demás factores. Cuando se vaya a dar una oportunidad usted será el primero en conseguirla.

Cuando el Sol está en el lado opuesto del ciclo de su Ascendente, o, sea, pasando por el signo opuesto, es más probable que pase por un periodo tranquilo en el cual sucederán menos cosas y tendrá menos oportunidades. Si es posible que tome las vacaciones entonces, hágalo. No se perderá de mucho.

El otro ciclo solar que vale la pena considerar se centra en la fecha de nacimiento, momento en que usted probablemente tenga más energía que nadie (Figura 4). Es una tendencia que permanecerá durante toda su vida hasta que muera, ya que se ha demostrado estadísticamente que muy pocas personas mueren durante los meses cercanos a su nacimiento. Existen varias teorías que expliquen esto, pero ninguna es definitiva. Cualquiera que sea la razón, a usted le parecerá que goza de una mayor energía vital durante el tiempo circundante a la fecha de su nacimiento, y seis meses después es cuando tendrá menos y será más susceptible de tener problemas de salud. Por tanto, quizás el otro momento ideal para tomar vacaciones sea seis meses después de su cumpleaños, una fecha para celebrar su "no-cumpleaños" y su recuperación. Por lo menos, usted debe esperar pocos acontecimientos y contar con menos recursos potenciales o ingresos extraordinarios, y debería preocuparse un poco más de su salud en ese

Figura 4: Ciclo anual del Sol respecto al Sol

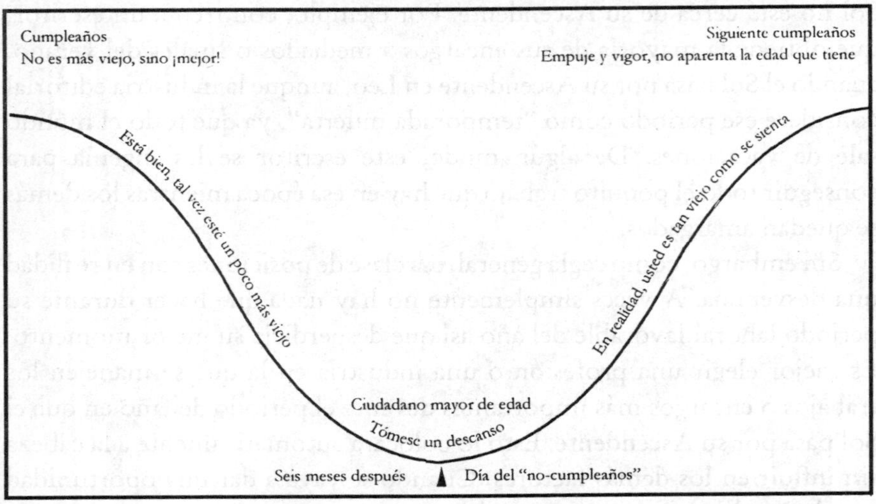

Cumpleaños
No es más viejo, sino ¡mejor!

Siguiente cumpleaños
Empuje y vigor, no aparenta la edad que tiene

Está bien, tal vez esté un poco más viejo

En realidad, usted es tan viejo como se sienta

Ciudadano mayor de edad
Tómese un descanso

Seis meses después ▲ Día del "no-cumpleaños"

tiempo. Tome mucha vitamina C (yo me emborracho de toronja en esa época del año) y tómeselo con calma para que los virus que están a su alrededor no le hagan su siguiente víctima.

Naturalmente, las posiciones relativas de su Ascendente y el Sol de nacimiento determinarán una especie de doble ritmo de tal modo que usted tendrá un punto álgido de actividad laboral seguido de un punto álgido de energía, o viceversa. Ocurrirán al mismo tiempo solamente si ambos caen dentro del mismo signo. Si están separados por seis meses usted será uno de esos raros individuos que se ven mejor cuando se sienten peor, y al contrario. Echando un vistazo a este ciclo combinado usted puede tratar de planificar las cosas para lograr tener un empuje mayor cuando lo desee y no encontrarse luchando contra viento y marea en cuestiones importantes.

Otro ejemplo personal: yo tengo Ascendente en Géminis, así que cada año, justamente al comienzo del verano (cuando el Sol entra en el signo de Géminis) empiezo a funcionar bien. Lamentablemente el resto del mundo se prepara para salir de vacaciones, pero yo estoy listo para tomar cualquier trabajo fuera de lo normal que haya en ese momento. Esta ventaja se refuerza por el hecho de que mi Sol natal es Leo por lo que tengo

42

el punto alto de energía cuando todo el mundo está intentando sobreponerse al calor de los días de agosto o está fuera, de vacaciones en Europa. Sin embargo, cuando el resto del mundo está atareado, durante el otoño, el invierno y el comienzo de la primavera ni luzco ni me siento bien así que estoy en desventaja. En efecto, tiendo a verme envuelto en las áreas de la existencia menos frecuentes, por tanto escribo sobre temas raros y realizo música fúnebre durante casi todo el tiempo. Si quisiera seguir la corriente del resto de la gente sería mejor que me cambiara de hemisferio en donde las estaciones son al contrario.

Esto no sugiere que todo el mundo que tenga el Sol natal o el Ascendente en los signos del verano deba trasladarse a Australia o esté obligado a tomar una posición secundaria en el mundo de los negocios. Simplemente significa que esas personas tendrán que luchar con mayor ahínco que los demás, quedando todo lo demás igual, para alcanzar el mismo nivel, o tendrán que penetrar en áreas que se salgan del camino trillado. Siendo flojo por naturaleza, yo elijo el segundo camino, pero cualquiera que sea su decisión le ayudará saber qué factores le afectan.

Un comentario final: los astrólogos sostienen que el signo del Ascendente determina la naturaleza de su apariencia física. Bueno, no existe ninguna prueba de ello todavía, pero tal vez sea la explicación de por qué las personas del mismo gremio se parecen. Se sabe que podemos intuir quién se dedica a la música tan sólo al verlo caminar por la calle, lo mismo sucede con los vendedores de ropa, comerciantes, etcétera. Quizás su Ascendente esté, por naturaleza, en armonía con el ritmo anual de su industria. Puede ser una especulación ociosa, pero da que pensar.

Capítulo 4

Marte

El ciclo bienal de energía-trabajo

En los estudios de Gauquelin, Marte, por lo general, resultó ser el más asociado con los atletas cuando está ascendiendo o culminando, pero cualquiera que sea su posición, significa la acumulación y el gasto de energía. Por tanto, se asocia particularmente con los proyectos o los empleos nuevos que requieren de una dosis extra de energía, más de la que se necesita para continuar un antiguo trabajo o proyecto.

Los ciclos de Marte son de casi dos años, cerca de un año y once meses para ser exacto (Figura 5). Su importancia en el terreno profesional parece no tener relación con el Ascendente, como sucede con otros planetas, sino con la posición natal.

Cada dos años Marte regresa a su posición natal, y se produce una combustión de energía que normalmente marca un cambio en la situación laboral o se emprenden nuevos proyectos. Por el contrario, cuando Marte está en el séptimo signo de su posición natal, en el punto más bajo de su ciclo, la probabilidad de un cambio laboral favorable es mínima y los proyectos que se estén llevando a cabo en ese momento resultarán menos estimulantes. El deseo de cambio y crecimiento empieza y llega a su punto máximo en el siguiente retorno de Marte.

Es un ciclo que vale la pena recordar cuando se piensa cambiar de trabajo porque las posibilidades de éxito aumentan cuando se busca empleo durante el tiempo en que Marte está regresando a su lugar natal. Cuando está en el punto inferior de su ciclo puede tenerse éxito también en el trabajo pero tal vez no se logre el puesto deseado, sino un empleo temporal que se puede cambiar cuando Marte regrese a su posición natal. Esto le pasó hace poco a una cliente mía que fue despedida (muy injustamente, debo añadir) y andaba buscando cualquier empleo que pudiera conseguir. Desafortunadamente, Marte estaba pasando por la posición baja de su ciclo y las perspectivas no eran buenas, por lo menos para el tipo de trabajo que ella deseaba.

Le aconsejé que no fuera exigente ni insistiera en encontrar exactamente lo que ella quería, sino que más bien tomara algo temporal y esperara hasta que Marte regresara a su posición natal y tuviera más posibilidades de encontrar el trabajo que realmente deseaba. Así lo hizo, tomó un puesto de ayudante en una tienda, aunque se supusiera que era un puesto fijo (nunca se debe decir al contratante que piensa uno dejar el trabajo cuando se encuentre algo mejor). En el momento del regreso de Marte, el puesto directivo que deseaba, y para lo que ella estaba cualificada, le cayó del cielo, justo cuando se finalizaba su contrato de alquiler del departamento, por

Figura 5: Ciclo bienal de Marte

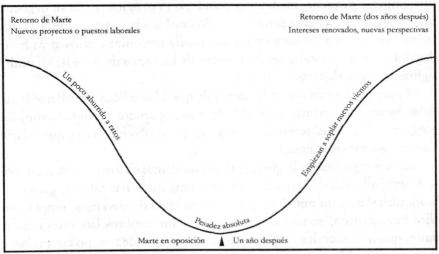

lo que pudo trasladarse a vivir a treinta millas de allí y encontrar al hombre de sus sueños. Final feliz.

El regreso de Marte no siempre significa un cambio real de trabajo, abandonar una empresa y cambiarse a otra. Es más probable que suceda un cambio en el estatus laboral: un nuevo cargo, nuevas responsabilidades, un aumento, todo ello dentro de la misma empresa. Por eso, si usted desea una oportunidad de ascender en su trabajo y piensa que se lo merece, espere hasta que Marte regrese a su posición natal antes de hablar con su jefe.

Para saber la posición exacta de Marte en el momento de su nacimiento puede utilizar una efemérides como la que se encuentra en el *Antiguo Almanaque de Moore*, o en cualquier efemérides astrológica estándar. No es necesario tener una exactitud absoluta, ya que los sucesos que desencadena la posición de Marte tienden a agruparse durante un periodo de un mes, cada vez que Marte retorna, sin especificarse exactamente cuándo sucederá. Es un periodo de energía y actividad exaltadas donde las oportunidades de ascenso se ven favorecidas.

Cuando se observa el ciclo de Marte, y de los demás signos, sería aconsejable analizar qué fue lo que se consiguió la vez anterior para darse cuenta de qué efecto ejerce exactamente sobre usted. Puede haber una amplia gama de efectos, dependiendo de a lo que se dedique, si trabaja para una empresa pequeña, mediana o grande, si es propietario de su negocio, un trabajador por cuenta propia o ha ido cambiando de profesión. La tabla cubre suficientes años como para que pueda remontarse años atrás hasta llegar a su niñez y establecer un registro de los ciclos de su vida; así podrá figurarse qué le deparará el futuro.

Mediante esta tabla se dará cuenta de que Marte llega a quedarse hasta ocho meses en el mismo lugar debido a una aparente retrogradación. En esos casos las cosas se estancarán y no se resolverán hasta que Marte comience a moverse como siempre.

Sin embargo, recuerde que, igual que los demás ciclos, se trata solamente de una influencia. El retorno de Marte a su posición natal no le garantiza la adquisición de un nuevo empleo o un ascenso si usted no se empeña en ello. Por ejemplo, en mi caso, casi siempre los cambios laborales importantes que he tenido han acontecido en un periodo de tiempo circundante al regreso de Marte, pero ha habido momentos en los que Marte ha retornado y no me ha sucedido nada nuevo porque yo no pretendía nada o estaba trabajando en un proyecto más a largo plazo que no podía acabarse en ese momento. Citemos la antigua sentencia de la astrología: los astros inclinan, pero no obligan. A fin de cuentas siempre depende de usted, pero puede apoyarse en los ciclos planetarios a lo largo de su vida.

Capítulo 5

Júpiter

Ciclo de oportunidades y productividad

Júpiter es el planeta de las oportunidades y la productividad y tiene un ciclo de doce años que es la clave de la carrera profesional y el éxito personal (Figura 6). No se debe valorar su ayuda de manera exagerada pero sí es importante utilizar apropiadamente su ciclo porque los efectos son muy duraderos.

Figura 6: Ciclo de Júpiter (de doce años)

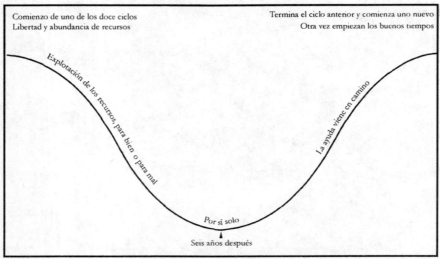

Comienzo de uno de los doce ciclos
Libertad y abundancia de recursos

Termina el ciclo anterior y comienza uno nuevo
Otra vez empiezan los buenos tiempos

Explotación de los recursos para bien o para mal

La ayuda viene en camino

Por sí solo
Seis años después

Júpiter ejerce el máximo beneficio cuando se encuentra en su Ascendente, en la primera casa. Durante ese momento su influencia personal y la probabilidad de enriquecerse estará en su momento culminante. Llegará lejos, en cuanto a imagen personal y a logros exteriores, y las bases que edifique le servirán de apoyo durante otros doce años, así que hágalas bien sólidas y evite la tentación de la gloria y la diversión ya que son momentos buenos pero pasajeros. Muchas personas malgastan su provechosa energía durante este periodo en el que deberían registrar y seguir cuidadosamente cada contacto u oportunidad. No siempre resulta fácil ya que se produce una elevación del ego que viene acompañada de la inesperada racha de buena suerte. Mucha gente piensa que es mérito propio y no reconoce que se trata de un momento culminante temporal (véase Figura 7).

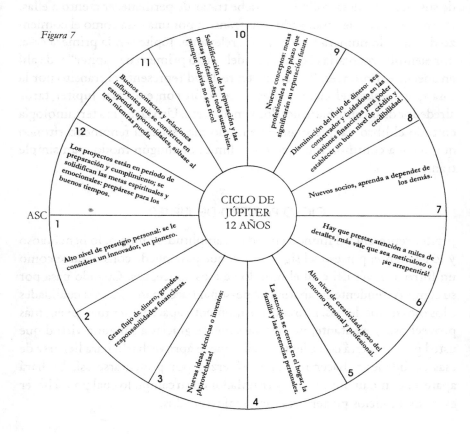

Figura 7

10 Solidificación de la reputación y las metas profesionales; todo suena bien, ¡aunque todavía no sea rico!

9 Nuevos conceptos: metas profesionales a largo plazo que significarán su reputación futura.

8 Disminución del flujo de dinero: sea conservador y cuidadoso en las cuestiones financieras para poder establecer un buen nivel de crédito y credibilidad.

11 Buenos contactos y relaciones influyentes que se convierten en estupendas oportunidades; suba al tren mientras pueda.

12 Los proyectos están en periodo de preparación y cumplimiento; se solidifican las metas espirituales y emocionales; prepárese para los buenos tiempos.

CICLO DE JÚPITER 12 AÑOS

7 Nuevos socios, aprenda a depender de los demás.

ASC 1 Alto nivel de prestigio personal: se le considera un innovador, un pionero.

6 Hay que prestar atención a miles de detalles, más vale que sea meticuloso o ¡se arrepentirá!

2 Gran flujo de dinero, grandes responsabilidades financieras.

5 Alto nivel de creatividad, gozo del entorno personal y profesional.

3 Nuevas ideas, técnicas o inventos: ¡Aprovéchelas!

4 La atención se centra en el hogar, la familia y las creencias personales.

Aunque el contenido de este capítulo podría parecer a simple vista una relación de los tránsitos de Júpiter por las doce casas, en realidad incluye un conjunto de investigaciones más complejo y sutil. Cuando Júpiter transita por una casa fortalece los asuntos relacionados con ella con un nuevo aliento, que crecerá y se desvanecerá en los siguientes doce años. Es el ciclo de los asuntos relacionados o gobernados por esa casa y es uno aparte de los doce ciclos de doce años que abarcan las diferentes etapas simultáneamente. Por ejemplo, cuando Júpiter se encuentra en la cuarta casa estimulando ese área, no se trata tan sólo de un tránsito sino que también marca una cuarta parte del proceso de evolución de los eventos que comenzaron en la primera casa, análogo al cuarto creciente de la Luna. Por tanto, en cualquier momento, las doce áreas pasan por diferentes fases de sus ciclos de desarrollo y uno debe tratar de permanecer atento a ellas. Por este motivo he catalogado cada tránsito por una casa como el comienzo de un ciclo numerado por la casa relevante. Júpiter en la primera casa, por ejemplo, marcaría el comienzo del "ciclo primero de Júpiter" y de ahí en adelante. Entonces, "un ciclo" en realidad representa el tránsito por la casa que *empieza* el ciclo, teniendo relación con esa casa. Júpiter tarda alrededor de un año; Saturno, dos y medio, etc. Uso la misma terminología en todo el libro ya que sugiere de modo más claro el fenómeno rítmico que sigue a continuación, que no se limita de ningún modo a un simple tránsito.

CICLO PRIMERO DE JÚPITER

Júpiter representa el mundo en toda su amplitud, lo nuevo, lo beneficioso y lo excitante; por eso, el signo por el que pasa puede considerarse como un filtro a través del cual el mundo ve esos conceptos. Cuando pasa por su signo Ascendente su apariencia personal hace aparentes esas cualidades a los ojos de los demás. Durante ese momento aparenta ser más joven, más provechoso y excitante, no necesariamente gracias a ninguna virtud que usted posea. Si está consciente de ello puede aprovecharlo para llenarse de esas cualidades y hacer mayores esfuerzos por presentarse así. Le hará aparecer como un innovador y triunfador en su campo lo cual podrá hacer extensivo a ciclos posteriores menos afortunados.

Cuando Júpiter está en la primera casa aumentará su influencia en los demás y tendrá más confianza en sí mismo. Es tiempo de marcar la pauta de manera abierta presentándose en persona ante aquellos que le puedan beneficiar sin valerse de agentes ni del correo. Con tan sólo su presencia física obtendrá el máximo. Su mejor posición está frente al público, aunque no sea lo más cómodo para usted. Es en donde podrá sacar mayor partido.

Es importante no confiarse en esta atención extra que reciba, no la volverá a tener hasta que pasen otros doce años, así que tome nota de cualquier reacción ventajosa por parte de los demás y persígala. Intente desarrollar amistades duraderas, o por lo menos el comienzo de alguna, entre las personas y empresas con las que trate en ese tiempo. Ellos le sacarán de muchas dificultades más adelante. Incidentalmente esta ventaja se aplica a las relaciones íntimas, así que los amantes que usted tenga en este momento volverán una y otra vez a su encuentro porque usted les parece alguien joven y dinámico. El único inconveniente que tendrá que superar es el aumento excesivo de peso, algo que va asociado con este ciclo. Puede evitarlo si emplea la energía adicional explotando diligentemente las ventajas y oportunidades que se le presenten.

Una vez que pase esta fase de un año es tiempo de empezar a abandonar las estrategias basadas en el poder primario de la apariencia personal y desarrollar otras más orientadas hacia su potencial para manejar dinero. Debe solidificar los contactos y las ventajas que obtuvo durante el primer ciclo para empezar a cambiarse al siguiente. Hágalo con cuidado ya que lo que haya conseguido tiene que durarle durante otros doce años, en los que la creatividad y el desarrollo estarán enfocados en otras áreas.

CICLO SEGUNDO DE JÚPITER

Durante el año en que Júpiter esté en su segunda casa la mayor parte de su interés creativo serán las finanzas y las posesiones personales. En este momento usted desarrollará hábitos y sentará precedentes que influirán mucho en su manera de manejar el dinero y la confianza de los demás en usted durante los siguientes doce años.

La mayoría de la gente piensa que le resulta más fácil conseguir dinero, aunque puede tratarse de un gran flujo de dinero en lugar de una base financiera sólida. No obstante, este tiempo trae mejores oportunidades financieras, por lo que resulta extraordinariamente importante para su carrera.

El ciclo de la segunda casa suele ser un momento crítico para establecer las bases de su cometido cara a los siguientes doce años, al menos en el sentido económico. Si tiene buen juicio y cuidado durante este periodo obtendrá un gran apoyo para el desarrollo futuro, mientras que un error de juicio en las inversiones o el gasto incontrolado o equivocado pueden hacer que se pase un década debatiéndose sin obtener el suficiente apoyo para lo que podrían ser excelentes y merecidos talentos y metas. Esto es lamentable, pero refleja el valor que la sociedad da a las cosas materiales y a su administración.

Durante este tiempo es posible gastar grandes cantidades de dinero, o por lo menos más del acostumbrado. Esto es muy cierto si lo ponen a cargo de la administración del dinero de otras personas. En cualquier caso, usted tendrá mayores responsabilidades en ese ámbito, principalmente porque le darán mayor crédito a su capacidad para manejar del que se merece. Por consiguiente más vale que aprenda a justificar los gastos ante Hacienda en vez de deleitarse con los recursos extras. Esto se cumple incluso cuando los recursos extraordinarios son sólo un poco mayores de lo normal o simplemente mayores que los de las personas que le rodean.

Se dará cuenta durante este lapso de tiempo de que debe poner en práctica las oportunidades que tuvo el año anterior. Debe demostrar que la confianza que usted inspiró hace un año se hará realidad. La gloria se desvaneció y ahora tendrá que demostrar lo que tiene dentro. Si cultivó con cuidado las oportunidades previas, entonces y con una diligencia razonable recogerá frutos bastante sustanciosos. Si los ignora, ganará poco, aparte de la experiencia en el manejo de las inversiones y recursos de otros. Esta experiencia por sí misma no es una oportunidad, le servirá durante el periodo de creatividad y estímulo intelectual que viene a continuación.

Es muy importante que se obligue a involucrarse con los detalles de la administración del dinero, aunque usted se dedique a una profesión en la que esas metas sean secundarias frente a otras preocupaciones más abstractas o idealistas (por ejemplo, las artes o las ciencias). Las demandas económicas cubren todas las facetas de nuestra vida, sin depender de la profesión, por lo que sería una desventaja ignorar la oportunidad de entenderlas y controlarlas que duraría el resto del ciclo de doce años.

Para ilustrar de qué modo una persona que ignore estos ciclos críticos puede echarlos a perder vamos a poner el ejemplo de cierto músico con Ascendente en Géminis. Cuando Júpiter entró en Géminis en 1965 él daba una tremenda publicidad a una alianza con una casa discográfica. Su imagen personal era la indicada para la música juvenil de aquel momento. Fue introducido en muchos ambientes y apoyado por las personas más influyentes del negocio de la música. Pero, como era joven, y no sabía qué le estaba sucediendo en realidad, dejó que la repentina fama y publicidad se le subiera a la cabeza. Se pasó el tiempo detrás de *groupies*, drogas y de la amplia admiración que provocaba en aquel momento.

Resultado: Cuando Júpiter pasó y la compañía buscaba nuevos talentos él quedó fuera. No aprovechó las oportunidades que se le presentaron y el éxito se le escapó de las manos.

Entonces tuvo una segunda oportunidad, pero también la echó a perder. Cuando Júpiter entró en Cáncer tomó una gran suma de dinero e hizo inversiones en el negocio de la música. Todo parecía muy positivo (como pasa siempre con Júpiter), así que en vez de darle toda la atención a los detalles en la administración de su dinero, se centró en otros asuntos dejando el manejo de sus inversiones a otras personas. Una vez que Júpiter pasó, el dinero desapareció y dieron de lado al desafortunado músico. Finalmente se vio obligado a comenzar una nueva carrera. Si hubiera conocido la verdadera naturaleza de los sucesos que estaban aconteciendo podría haberse salvado de años de lucha y de fracasos.

CICLO TERCERO DE JÚPITER

El año en que Júpiter entra en la tercera casa no es un periodo crítico financieramente hablando como los dos anteriores, al menos no en el sentido más inmediato. Cede la presión inmediata para producir resultados financieros tangibles, pero el tercer ciclo es un periodo extremadamente importante a la larga porque es el ciclo de las ideas.

Tiende a ser un momento en que fluyen con facilidad la inventiva y la creatividad técnica. Se dará cuenta de que se le ocurrirán un montón de buenas ideas, prometedoras o no, que posiblemente pueda utilizar en ese momento. Para cada explosión de ideas que tengan utilidad práctica habrá diez que no tengan ninguna importancia para usted y que estará tentado a descartar. No lo haga. En lugar de eso escriba sus ideas y archívelas (no en el fondo de su mente, donde se perderán) para usarlas en otro momento. Puede que se queden en sus archivos durante años pero el caso es que usted se alegrará de haberlas conservado mucho más adelante cuando no se sienta tan creativo. Durante este periodo la capacidad intelectual se eleva y no volverá a suceder hasta después de doce años, con lo que tirar a la basura las ideas que se le ocurran ahora sería como no guardar para cuando no haya.

Un pequeño ejemplo de esto es un inventor que conozco que ideó unos planos para construir joyería eléctrica en los sesenta, durante su tercer ciclo de Júpiter. Era una hermosa idea, pero no realizable, ya que los circuitos miniaturizados necesarios no se habían desarrollado entonces, ni existían baterías que pudieran sostenerlos. Así que después de realizar un gran esfuerzo de investigación y diseño, abandonó todo y se dedicó a otras ideas que tenían un potencial más inmediato.

Seis años después se encontró con una persona, de una prestigiada marca de joyería, que, acordándose de sus anteriores intentos, le pidió que le ayudara a diseñar algunos prototipos, cuando la tecnología estaba tan avanzada como para llevar la idea a la práctica. Desgraciadamente nuestro alocado inventor había perdido todo su trabajo previo y le sirvió de poco a la compañía. Por lo tanto perdió lo que podría haber sido una interesante y lucrativa oportunidad.

Afortunadamente, no tuvo tan mala suerte ya que durante el mismo periodo de Júpiter había diseñado algunos instrumentos electrónicos que no se podían fabricar, pero que decidió guardar. Poco después del fiasco con la joyería tuvo la oportunidad de realizar esos diseños y obtuvo beneficios de la patente y la producción de los prototipos de los inventos que por fortuna no tiró a la basura.

Así que por más que sean banales las ideas que se le ocurran durante el tercer ciclo de Júpiter, no las deseche porque no tengan una aplicación inmediata. Guárdelas en un lugar seguro y le proporcionarán su recompensa más adelante.

Por el contrario, las ideas que nacen en este lapso y que los demás consideren útiles podrían ser, en realidad mucho menos valiosas de lo que parecen. Durante este periodo la gente tenderá a verlo como una fuente de originalidad y podría valorar en demasía sus ideas. Es importante que usted sea su más severo crítico para que no se involucre en proyectos fútiles que luego le harán quedar mal, sólo porque a otra persona le pareció que era una gran idea.

Como en todos los ciclos la periodicidad es importante. Debe hacer un esfuerzo por atar cabos cuando el ciclo esté a punto de terminar porque su ingenio empezará a disminuir y sus logros anteriores tendrán que sostenerse por sí solos cuando su interés cambie y piense en otros temas importantes. Asegúrese de registrar todas sus inspiraciones. Luego podrá seguir su camino con confianza sabiendo que le sacó el máximo provecho a este tiempo y que le dará beneficios varias veces durante los siguientes doce años.

CICLO CUARTO DE JÚPITER

Cuando Júpiter entra en la cuarta casa su atención e inspiración se centrarán en las cuestiones de crecimiento interior y los asuntos del hogar. Muchas personas se mudan durante esta época o bien hacen remodelaciones o ampliaciones en la casa en donde viven. Es el ciclo en el cual se estructura el sendero de la vida de los siguientes doce años. Se establece el tipo de vida hogareña que se desea llevar o se intenta mantener en los próximos años.

Si se es negligente en este tema durante este ciclo probablemente se seguirá siendo durante los siguientes doce años. Esto quiere decir que su casa seguirá siendo poco importante para usted durante los siguientes doce años, o simplemente resultará una molestia. Si pertenece a una profesión en la que se necesita de una buena imagen social para tener éxito, no hacer caso a esta oportunidad sería un desastre total; sin embargo, si se dedica a labores que no tengan relación con su vida doméstica significará tan sólo que usted perderá la oportunidad de mejorar el ambiente en donde se relaja después de su trabajo.

Esto se refiere también a las cuestiones espirituales, ya que el cuarto ciclo de Júpiter se refiere al refugio o al hogar interior, los fundamentos espirituales de una persona y su familia. Es una momento excelente para restablecer o fortalecer los lazos personales y familiares que hayan podido deteriorarse en los años anteriores cuando tenía una perspectiva mucho más hacia fuera debido a los acontecimientos en los que se veía envuelto. Los acontecimientos del mundo exterior se calmarán un tanto, o por lo menos seguirán su curso, con lo que le dará la oportunidad de fortalecer las bases de su carácter y concentrarse en su ser interior.

Los consejos espirituales parecen estar fuera de lugar en cualquier libro práctico, pero su éxito depende de la integración de su personalidad exterior e interior para que el individuo pueda funcionar como un todo a la hora de tomar decisiones que determinen el éxito o el fracaso en su carrera. Una persona desequilibrada siempre estará en desventaja, incluso cuando tenga éxito, y no dará rienda suelta a todo su potencial.

Si se centra en su personalidad durante el cuarto ciclo de Júpiter podrá lograr una integración y un equilibrio que serán la fuente de su fortaleza durante los siguientes doce años y ayudarán a que sea menos probable el fracaso y a lograr el éxito por completo. Una base interior sólida también tendrá un efecto positivo muy benéfico de cara al siguiente ciclo de Júpiter, el quinto, que trata del placer y la creatividad. Hará que dicho periodo sea más productivo y reconfortante. Sería difícil hacer reseña de ejemplos de cómo el uso atinado o equivocado de este ciclo podría significar el éxito o el fracaso en la carrera, pero he observado muchos ejemplos de cómo el buen uso de este periodo crea una mayor armonía personal y familiar. Ciertamente, ello ayuda y fortalece los esfuerzos profesionales, además de ser una meta valiosa por sí misma.

QUINTO CICLO DE JÚPITER

Cuando Júpiter alcanza la quinta casa aporta un periodo particularmente agradable y creativo que resulta de mucho valor para cualquiera que se dedique a una labor relacionada con el arte o la creatividad. Para escritores, artistas y músicos es un momento en el cual no les abandonarán las musas y se despertarán a media noche con nuevas inspiraciones que querrán poner en marcha antes de que se les escapen. Tiene cierta similitud con el tercer ciclo pero es de naturaleza más inspirativa y menos utilitaria.

Incluso en las profesiones que no se orientan hacia la estética básicamente, por ejemplo la contaduría, éste es un periodo en el que los métodos de trabajo y de diseño pueden acoplarse mejor a sus necesidades. Es tiempo de hacer que las cosas sean más divertidas y cualquier cosa que invente ahora hará que sus próximos doce años sean más agradables, y probablemente más provechosos.

En general es un periodo para aprender a hacer de su trabajo un juego y convertir su diversión en trabajo. Esto es muy valioso sobre todo si está en situación de cambiar los hábitos de trabajo de otras personas además de los suyos. Por ejemplo, una gerente de oficina que conocí utilizó este periodo para reorganizar los horarios de todos sus empleados de forma que disfrutaran de mayor libertad, rindieran más y ganaran más. Todo porque encontró un método para hacer que el trabajo fuera más estimulante y creativo al mismo tiempo.

El peligro es que las muchas oportunidades de divertirte pueden ser demasiado tentadoras por lo que puedría ser negligente en cuanto a las tareas necesarias y decidirse por las actividades más agradables, aunque menos provechosas. Es difícil decir qué dirección debe tomar. Usted debe sopesar el valor de su disfrute actual frente al que le proporcionará una cuenta bancaria repleta en el futuro. Es frecuente que sea un lapso de tiempo en el que los asuntos personales como romances, vacaciones y otros placeres se interpongan entre usted y su horario de trabajo. Usted es el único que puede decidir qué escoger, aunque probablemente sea mejor tener un cierto equilibrio.

El periodo atrae no sólo romances, sino sus resultados: hijos. Sorprende cuánta gente tiene hijos en esta época, sea por accidente o porque les resulta buena idea en ese momento. Los hijos necesitan cuidados durante más de doce años y pueden ser un gran impedimento en su carrera; así que use la cabeza y no se deje llevar por sentimientos circunstanciales. Aunque pueda sonar muy insensible, los niños son una desventaja para casi cualquier tipo de carrera, a menos que sea un padre profesional que pueda evitar las responsabilidades de su trabajo, por lo menos hasta que sus hijos estén lo suficientemente·desarrollados como para resultar una carga mínima que usted pueda sobrellevar apropiadamente pasando el suficiente tiempo con ellos. Es una obligación tremenda, que muy pocos padres han podido cumplir.

CICLO SEXTO DE JÚPITER

Cuando Júpiter entre en la casa sexta va a estar muy ocupado, tal vez obsesionado, con las labores primarias de su trabajo. Tal vez esté enfrascado realizando labores comparativamente menores y no es probable que sienta que su carrera avance con rapidez. Este puede ser el caso incluso si usted tiene un éxito relativo en lo que hace. Me acuerdo de haber pasado horas eternas cerrando sobres y preparando cartas, ¡aunque yo fuera el presidente de la corporación que enviaba el correo!

Aunque pueda ser un periodo monótono, es importante poner atención a todo lo que surja, aunque sea insoportablemente aburrido. Se dice que un buen jefe sabe realizar cualquier tarea dentro de la empresa, así que ahora debe demostrar su capacidad en ese área. La primera vez que llegue el punto álgido de este ciclo en su carrera puede verse envuelto en trabajos rutinarios, cosas que le aburran hasta la saciedad. Puede que termine hasta la coronilla, pero tendrá que recordar cómo hacer antiguas tareas o ponerse al tanto de otras nuevas para poder evolucionar hacia cosas mejores.

Rechazar esta necesidad podría ser fatal y perjudicial para la compañía en la que usted trabaje, especialmente si es suya. Un negocio es fuerte sólo en la medida en que puede producir algo, incluyendo todos los detalles que la producción requiera. Conozco a una persona del gremio editorial que abrió su propia empresa con muy poco dinero haciendo todo por sí solo; al poco tiempo su empresa funcionaba bien y había contratado unos cuantos empleados. Supuso que si aumentaban las ventas simplemente se movería más dinero así que puso a sus empleados a producir libros sin descanso y él se dedicó a realizar mayores y mejores ideas.

De lo que no se percató es de que, en ciertos niveles, la mecánica necesaria para manejar las pequeñas tareas relacionadas con unas ventas significativamente mayores puede resultar muy cara en relación a su utilidad. En ese nivel se deben adoptar los métodos informáticos y administrativos que se requieren para facilitar la transición de pequeña a mediana empresa. Sin embargo, mi amigo pensaba en otras cosas y hasta que la compañía no empezó a perder dinero y tuvo que despedir a algunos empleados y hacer el trabajo él mismo no se dio cuenta de cuáles eran las soluciones necesarias. Si se hubiera fijado en los detalles nunca tendría que haber pasado por la experiencia de llevar su empresa casi a la quiebra y haberla dejado otra vez en paños menores.

Estas son las cosas a las que tiene que poner atención todo el tiempo, desde luego, pero en el ciclo sexto de Júpiter es más importante, casi crucial. Si se toma tiempo y paciencia entonces la vida le será más fácil los doce años siguientes.

CICLO SÉPTIMO DE JÚPITER

Cuando Júpiter entra en la casa séptima está a 180° de distancia de su posición natal original. Como un ciclo en un círculo recurrente se podría decir que el punto opuesto al ciclo primero de Júpiter. Mientras que el ciclo primero tiene que ver con la proyección hacia los demás, este ciclo se refiere a la proyección de la personalidad de los demás sobre usted. Es el tiempo en que los amigos y compañeros van a tener mucha importancia y le van ayudar mucho; es el momento ideal para sacar provecho de los esfuerzos de otras personas.

Por lo tanto el ciclo séptimo es ocasión para que los demás saquen la cara por usted dejando que ellos hagan la venta mientras que usted permanece tras bambalinas. Es tiempo de suavizar su carácter y de animar a los demás a realizar cosas. Muy a menudo tendrá la oportunidad de formar parte de cooperativas y debe estar listo para dar tanto como recibe; aunque ello sea un poco humillante para su ego. Tome este lapso como un tiempo en el que los demás toman más importancia y saque provecho de lo que le ofrezcan. Pretender imponerse ahora resultará inapropiado para los demás e irá en detrimento de sus intereses. En parte, porque usted está en el punto más bajo del ciclo, por lo que la afirmación de su ego es escasa, y también porque sería una tontería rechazar la ayuda de los demás cuando está a su disposición.

Es también el pico del ciclo de doce años de aprendizaje para saber cómo sacar ventaja de los demás. Si se manejan adecuadamente las oportunidades que se presentan en estas fechas, se podrán lograr habilidades y técnicas para utilizar la ayuda exterior para su propia empresa. Si se ignoran, se quedará solo cuando las cosas se pongan difíciles.

Este periodo puede resultar difícil, sobre todo para las personas independientes, porque habrá veces en que tendrá que apoyarse en sus socios o compañeros para obtener ayuda económica o emocional. No siempre esto es bueno para la auto-estima, pero deje de lado su orgullo y sea agradecido. Pronto cambiarán las cosas así que aprenda la lección: "ninguna persona es una isla".

Además de ser el momento de sacar provecho de las amistades, el séptimo ciclo es excelente para descubrir y conocer las fortalezas y debilidades de sus adversarios. Estúdielos y descubra sus defectos, corrigiéndolos al mismo tiempo en usted. Así, en el futuro, estará mejor preparado para batallar con sus competidores, aun cuando, como suele suceder en el mundo de los negocios, sus enemigos sean sus antiguos compañeros. Cuanto mejor los conozca cuando le estén ayudando menos amenaza supondrán cuando se le opongan.

CICLO OCTAVO DE JÚPITER

Cuando Júpiter entra en la casa octava el centro de atención pasará de los amigos o socios y los contratos laborales equitativos a la administración del dinero y también a aprender a sacar el máximo de un flujo de dinero comparativamente exiguo. Es el opuesto al ciclo segundo en el que el flujo de dinero es abundante. Ahora no sólo tendrá menos entradas de dinero, sino que también será más que probable que tenga que administrar dinero ajeno.

Es momento de mirar el centavo; por bueno que sea, no es el indicado para una renovación fiscal. Suele ser el tiempo adecuado para revisar y seguir los métodos tradicionales y llegar a comprender por qué funcionan. En cierto sentido es parecido a la experiencia del ciclo sexto en el que se requiere de gran atención a los detalles, nada más que ahora debe centrarse en el flujo de dinero. Deberá establecer su credibilidad como administrador responsable, la cual es esencial en el mundo de los negocios que se rige por créditos y por el historial en el manejo del dinero.

Por lo tanto, debe cuidar cada cifra, para que las cuentas que le presente a sus superiores o al banco sean impecables. Debe evitar incurrir en deudas innecesarias, incluso hasta el punto de hacer recortes para eludirlas. Un amigo mío, escritor por cuenta propia, cometió el error de vivir a cuenta de su Master Card durante este periodo, sin prever los efectos que se producirían más adelante, y por lo tanto, llegado el momento no pudo hacer frente a sus pagos. El resultado fue que perdió su nivel de crédito y, a pesar de que se portó bien durante todo el préstamo, no pudo recuperarlo. Como no tenía un trabajo regular tuvieron que pasar varios años para que pudiera recuperar su línea de crédito, todo por no haber cumplido unos cuantos últimos pagos en un mal momento. No parece justo, pero así es como funciona el sistema. Fue particularmente irónico en el caso de mi amigo, ya que tuvo el nivel de crédito más alto cuando estaba trabajando por menos dinero del que gana ahora para una compañía que se fue a la bancarrota por no poder pagar sus deudas.

Para los que normalmente se sienten inclinados por una política fiscal conservadora en lo personal y en lo empresarial, no será un periodo difícil; de hecho, saldrá bien librado gracias a su filosofía financiera. Para los que tienen una naturaleza más especulativa, este periodo puede ser desastroso a menos que frenen sus impulsos y los reserven para tiempos más apropiados.

En resumen, he aquí la ventaja de estar prevenido de los ciclos en general. Hay un momento adecuado para cada tipo de política a seguir en su carrera, y el éxito o el fracaso dependen de eso, no de las políticas en sí. Hay un tiempo para cada propósito en la Tierra, tal como dice el Antiguo Testamento; el truco es saber qué momento es bueno para cada cosa. De eso se trata el estudio de los ciclos profesionales.

CICLO NOVENO DE JÚPITER

Cuando Júpiter entra en la novena casa suele marcar un momento crítico de cambio de conceptos que modificará por completo su carrera. Mientras el ciclo tercero incrementa la capacidad inventiva y la resolución de problemas específicos, este ciclo aumenta la capacidad de tener una concepción general y de tomar una nueva dirección dentro de la profesión o la carrera a la que usted se dedique.

Suele determinar una profunda reconsideración de la dirección que uno ha tomado, y el comienzo de un giro que le llevará a una completo cambio de vida o de carrera. A pesar de los cambios que podrían ocurrir, no se debe esperar un efecto inmediato o una ganancia exagerados, ya que se necesitará que pase el resto del ciclo de Júpiter (hasta que llegue de nuevo a este punto) para llevar a cabo los sueños y conceptos que se fragüen ahora. Pero, probablemente será el fundamento de los años por venir en la medida en la que estén implicados el desarrollo y la trayectoria intelectual.

Al fijarse en las nuevas ideas o conceptos que puedan sobresalir en este momento, es importante no abandonar simplemente todo lo anterior para seguir por un camino que parece ser el único apropiado. Se necesita de bastante tiempo para ser eficiente y exitoso en una nueva carrera, o incluso para solidificar o llevar a la práctica cambios importantes en la misma. Por el contrario, es aconsejable hacer un cambio gradual para no llegar al punto de pasar hambre intentando competir en un área para la que todavía no se está bien cualificado; o volverse loco tratando de llevar a cabo ideas que todavía no están maduras dentro de su campo, teniéndolas que rechazar a pesar de su mérito. Una cosa es vislumbrar un cambio y otra cosa es ponerlo en funcionamiento y vivir de él.

Por ejemplo, lo que usted está leyendo en este instante es producto de algunas ideas que se me ocurrieron en el ciclo noveno, ideas acerca de eliminar las supersticiones del modo de pronosticar de la astrología tradicional y combinarlo con los ciclos, establecidos y funcionales, de la experiencia humana, a fin de volverla más comprensible, accesible y práctica. Fue sólo el comienzo. Tuve que recorrer un largo camino, desechar la mitad de la astrología tradicional por no tener sentido, e integrar la otra mitad mediante el estudio de ciclos más legítimos, la psicología del desarrollo humano y el sentido común.

Esencialmente, lo que hará durante este ciclo será tomar un concepto (o conceptos) importante y desarrollarlo durante los siguientes doce años. Es el ejercicio de refinar una idea o dirección inicial para que se convierta en una profesión significativa y bien trazada, o una ampliación crucial para su carrera actual. Pero tal vez esas ideas nuevas sean las que le den reputación, por lo que vale la pena que se esfuerce en ellas.

CICLO DÉCIMO DE JÚPITER

Cuando Júpiter entra en la casa décima usted se encontrará realizando el cometido que se trazó durante el periodo anterior. Esto puede significar un cambio en el énfasis que pone al campo al que actualmente se dedica, o simplemente el llevar dos carreras al mismo tiempo. Por lo general es el momento de aumentar su reputación, aunque no se refleje en su cuenta bancaria. En la mayoría de los negocios, el dinero proviene de la producción de bienes, no de una buena reputación. Este periodo en realidad puede presentar algunas dificultades si su reputación promete más de lo que usted vale realmente, podría tener un pésimo efecto en los encargos futuros.

Durante este ciclo, un analista de la casa de bolsa que conozco se ganó la reputación, no del todo merecida, de poder pronosticar con infalibilidad el diario devenir de la bolsa. Era bueno, pero no tanto. Como resultado varias personas invirtieron bajo su consejo más dinero del que él podía realmente afrontar y cayó en desgracia al demostrar que sus consejos no eran infalibles. Su reputación viró por completo y tuvo enormes dificultades para encontrar nuevos inversores, aunque sus propias inversiones resultaran buenas. Debería haber sido más precavido y no haber permitido a sus inversores tomar tales riesgos (aunque fuera su idea) basándose solamente en su inflada confianza en sí mismo.

Por otro lado, la confianza en uno mismo que este periodo puede aportar puede ser de gran ayuda a la hora de emprender una nueva carrera, aun cuando las recompensas materiales no sean inmediatas. Todos sus esfuerzos se dirigirán hacia su meta; los obstáculos temporales se superarán más fácilmente teniendo una fe absoluta en la dirección que ha tomado y un gran entusiasmo por su trabajo. Por lo general, recibirá una buena respuesta sus esfuerzos y el apoyo, aunque no económico, de las personas que le rodean.

Si existe alguna lección que tenga que aprender durante estas fechas es la de crearse una buena imagen pública que le anime y le haga feliz. Un currículum escrito de manera impecable puede servirle a las mil maravillas en estos momentos. Nada más cerciórese de que puede llevar a cabo todos los prodigios que exprese en él. Ya que este periodo es esencialmente favorable de cualquier forma, es mejor hacer un currículum corto y conciso, tal vez con alguna sugerencia en vez de gran cantidad de información.

Por supuesto, es el ciclo opuesto al cuarto, por lo que tendrá poco tiempo para estar en casa, pero si lo usa juiciosamente, esto no debe interferir con sus esfuerzos. Al contrario, podrá pasar todo el tiempo ganándose una reputación en la carrera en la que ha puesto sus miras, así que cuando las ventajas futuras se presenten por sí solas —como sucederá en el siguiente ciclo— tendrá bien agarradas las riendas y podrá sacarles todo el partido.

CICLO UNDÉCIMO DE JÚPITER

Cuando Júpiter se traslada a la casa undécima lloverán las oportunidades, sobre todo los contactos personales benéficos (y ricachones, de preferencia). Si tiene unas metas bien definidas y sus compromisos anteriores están bien documentados, puede usar esta racha de fortuna para su beneficio. Entra en un periodo en que la gente le verá bajo la luz de la creatividad, queriendo sacar provecho de su talento para su beneficio y el suyo. Si tiene bien tomadas las riendas será capaz de llevar a estas personas en la dirección que a usted le convenga, sacando el máximo partido. Si tan solo está divagando no encontrarán ningún interés en usted o le usarán nada más para sus propios fines, sin que usted saque ningún provecho del trato.

En estos tiempos no debe dudar en establecer cuáles son sus metas más elevadas y luchar por alcanzarlas ante las personas con las que se encuentre o ante los proyectos que aborde. Obtendrá más favores en los altos puestos, como sus superiores o los grandes empresarios de su campo, que entre sus colegas o coetáneos, así que no malgaste el tiempo fraternizando. Es tiempo de trabajar en soledad en sus proyectos o de cultivar la amistad de las personas que puedan ser significativas en su carrera.

Como resultado, puede que la riqueza y las oportunidades de ascenso en su carrera cristalicen finalmente. Como se encuentra en el lado opuesto al ciclo quinto tal vez no se sienta tan espontáneo o creativo como le gustaría, pero este periodo está dedicado más bien a la consecución de las ideas y propósitos que se le ocurrieron previamente. Por tanto se percatará mejor de que la creatividad proviene de sus benefactores, que estarán deseosos de encontrar a alguien que ponga en práctica y obtenga beneficios de su talento.

Lo que no debe hacer durante este periodo es seguir el consejo de que a caballo regalado no se le miran los dientes. Cierto, usted correrá gran riesgo de ser explotado si no examina con cuidado las ofertas que reciba o si no tiene un abogado que le aconseje sobre las cláusulas del contrato. No obstante, este ciclo pasará pronto, y las oportunidades también, aunque no las haya aprovechado. Recuerde, sobre todo al principio de su carrera, puede ser que usted necesite más que le den oportunidades que los demás de dárselas. Si se pasa de suspicaz y no aprovecha lo que le ofrecen (sobre todo si parece demasiado bueno para ser cierto) puede quedarse en tierra mientras otro lleva su barco a la mar. Actúe como si fuera verdaderamente valioso para la compañía a la que intenta integrarse (aunque la encuentre un poco fuera de su especialidad) y tendrá más posibilidades de conseguirlo. Puede resultar un buen trato más adelante, cuando esté en situación de poder negociar. Esa situación se dará al cabo de uno o dos años, así que tome lo que le ofrezcan y hágalo mejorar.

CICLO DUODÉCIMO DE JÚPITER

Tanto si ha utilizado plenamente el ciclo anterior o no, cuando Júpiter entra en la casa duodécima entra en un periodo de preparación para el nuevo ciclo que le sacará de nuevo al mundo, cuando Júpiter alcance la posición natal otra vez. Suele ser un periodo de mucho trabajo y producción detrás de cámaras en el que los proyectos que comenzó en los ciclos anteriores dan fruto.

Este ciclo a menudo requiere de un esfuerzo considerable, pero si es una persona organizada y con una dirección concreta, sentirá el éxito inminente que le dará la energía necesaria para llevar a cabo su labor. Si no tiene un propósito determinado, puede encontrarse debatiendo, buscando el éxito sin conseguirlo, o esperando un descubrimiento que le haga avanzar de nuevo en su carrera.

En cualquier caso, también puede ser un importante periodo de evaluación de sus necesidades y conceptos espirituales y emocionales, que tendrán mucha importancia a la hora de sostener y lidiar con el repentino crecimiento y cambio externo que está a punto de sobrevenir. Lo ideal sería que fuera un periodo de trabajo duro, dirigido hacia sus metas, combinado con el fortalecimiento interior que le hará capaz de enfrentarse a ser el centro de atención con base en su interior. Lo peor sería que fuera un periodo de inestabilidad en busca de sus verdaderas metas internas y algún tipo de fuente de ingresos tangible. Este último fue el caso de muchos de los "hijos de la guerra" que crecieron durante los años sesenta. Durante toda esa década buscaron su realidad espiritual a través de las drogas y la música, tratando de encontrar un significado a su vida. Consecuentemente muchos entraron en su ciclo primero de Júpiter en el que todo floreció sin ninguna razón aparente y no pocos fueron totalmente incapaces de manejar el éxito recién obtenido y perecieron por abuso de drogas o se perdieron de vista sin poder sostener la buena fortuna repentina.

Los que sobrevivieron repitieron este ciclo al final de los setenta y principio de los ochenta cuando tal vez estaban más preparados para ello. Sin haber tenido siquiera el conocimiento intuitivo de la fuerza que ejercen los ciclos sobre ellos, tan sólo contemplaron una repetición de los mismos altibajos, excepto que esta vez el rastro fantasmal de la Edad Media fue el siguiente paso aterrador.

Con esto no sugiero que si se tiene conocimiento de los ciclos básicos de la carrera y de la vida se vaya a obtener un significado o propósito en la vida. No hay razón para pensar así. No obstante, elimina buena parte del misterio acerca de su vida y le da una estructura general en la que basar su carrera profesional, que le dará mejores oportunidades de tener éxito. El éxito profesional no es la respuesta al enigma del Universo, pero combate el fracaso, y cuando se está sin techo y con el estómago vacío es mucho más difícil luchar a brazo partido con una filosofía espiritual.

Capítulo 6

Saturno

Las pruebas y la seguridad en la carrera

El ciclo de 29 años y medio de Saturno tiene el efecto opuesto al de Júpiter; es un ciclo de tensión, pruebas y restricciones económicas. La combinación de los dos ciclos, que se tratará en el capítulo 8, influye mucho en la determinación de los azares de la fortuna (Figura 8).

Figura 8: Ciclo de Saturno (de 29½ años)

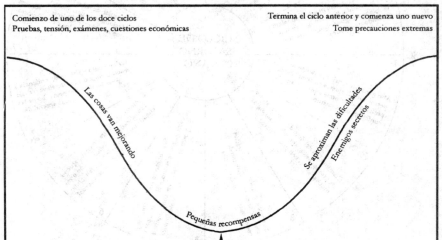

67

Igual que Júpiter presenta un periodo de expansión y oportunidades en cada uno de sus doce ciclos, Saturno tiene un efecto desalentador y restrictivo, que merece analizarse y que no necesariamente ha de ser del todo malo. En realidad, a largo plazo, es el ciclo más fortalecedor si se le da el uso apropiado. Esto sucede porque obliga a cada individuo a darse cuenta de sus virtudes y debilidades respecto a determinado tema, y pone trampas que hacen perder tiempo, energía y dinero. Enseña a economizar al máximo los pensamientos, los movimientos y los bienes para que en el futuro unos pocos puedan llegar mucho más lejos de lo que creían. Si se superan estas lecciones y se toman en serio, se pueden obtener grandes beneficios de los momentos que de otro modo se tomarían como rachas de mala suerte. Si se ignoran las dificultades volverán a repetirse y con mayor intensidad (Figura 9).

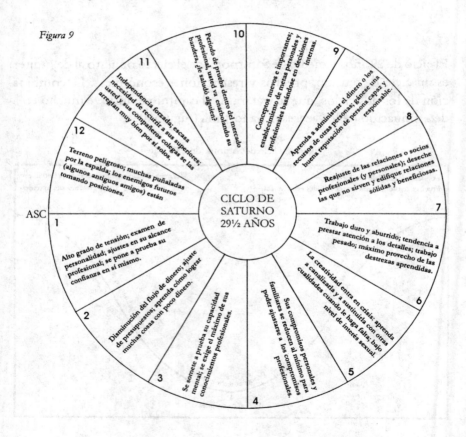

Figura 9

Ciclo de Saturno (29½ años)

- **10**: Periodo de prueba dentro del mercado profesional, usted va enarbolando su bandera, ¿le saludó alguien?
- **9**: Conceptos nuevo e importantes; establecimiento de metas personales y profesionales basándose en decisiones internas.
- **8**: Aprenda a administrar el dinero o los recursos de otras personas; dénese una buena reputación de persona capaz y responsable.
- **7**: Reajuste de las relaciones o socios profesionales (y personales); deseche las que no sirven y edifique relaciones sólidas y beneficiosas.
- **6**: Trabajo duro y aburrido; tendencia a prestar atención a los detalles; trabajo pesado; máximo provecho de las destrezas aprendidas.
- **5**: La creatividad entra en crisis: aprenda a canalizarla y a sustituirla con otras cualidades cuando le baga falta; bajo nivel de interés sexual.
- **4**: Sus compromisos personales y familiares se reducen al mínimo para poder ajustarse a los compromisos profesionales.
- **3**: Se somete a prueba su capacidad de presupuestos; aprenda cómo lograr muchas cosas con poco dinero.
- **2**: Disminución del flujo de dinero; ajuste mental; se exige el máximo de sus conocimientos profesionales.
- **1 (ASC)**: Alto grado de tensión; examen de personalidad; ajustes en su alcance personal; se pone a prueba su confianza en sí mismo.
- **12**: Terreno peligroso; muchas puñaladas por la espalda; los enemigos futuros (algunos antiguos amigos) están tomando posiciones.
- **11**: Independencia forzada; escasa necesidad de recurrir a sus superiores; usted y sus compañeros colegas se las arreglan muy bien por sí solos.

Como todo el mundo sabe, la adquisición de una carrera profesional es algo más que una serie de metas que se tienen que superar. Para la mayoría de la gente, viene marcada por largos periodos de trabajo penoso y obscuridad antes de alcanzar la cima, si es que se alcanza. A veces el trabajo deseado no es seguro y se debe tomar un trabajo sin futuro y aburrido para lograr los fines. Aun así, no existe un empleo tan sumamente aburrido y sin valor del que no se aprenda y se saque experiencia. Considérelo como otro paso necesario en el aprendizaje de su carrera. Si se esfuerza por realizarlo bien y aprende lo más que pueda será mucho mejor después. Cuanto más aburrido y menos remunerador sea el trabajo, más tendrá que ampliar el talento y la imaginación para sacar algún provecho. La habilidad de sacar partido de casi nada —un duro ejercicio de imaginación y creatividad— incrementará en gran medida el poder y el sentido fundamental de su carrera. Si, por el contrario, se hunde en la miseria, será más débil y tendrá menos posibilidades de evitar caer en esas circunstancias más adelante.

CICLO PRIMERO DE SATURNO

Como sucede con Júpiter, el ciclo primero (cuando Saturno está sobre el Ascendente y en la casa primera) y segundo (cuando está en la segunda casa) de Saturno son los más determinantes en la carrera profesional. Se deben tomar bastante en serio y manejar con paciencia y atención porque de lo contrario tendrán un efecto negativo más adelante.

Cuando Saturno está sobre el Ascendente, comenzando el ciclo primero, suele ser un periodo de tensión intensa, la personalidad puede recibir golpes desde diferentes fuentes. Las presiones no son principalmente financieras, aunque el dinero siempre tiene algo que ver, sino que se relacionan con si está realmente capacitado para su trabajo. Por lo tanto, puede que le lleve a una situación laboral que de alguna manera le sobrepase en cuanto a sus habilidades o a su personalidad, y usted se vea obligado a luchar constantemente para superarse y rendir como se espera de usted. Algunas personas describen este periodo de dos años y medio como un tiempo en el que uno siente un gran peso sobre los hombros. Probablemente ésta sea una buena descripción de la constante presión y expectación que trae este ciclo.

¿Qué se puede sacar de bueno con todo esto? Este tránsito, una vez que haya pasado, le dará una idea más clara y realista de sus fortalezas y capacidades, por lo que si las ejercita al máximo durante este periodo las perfeccionará muchísimo. El talento sólo florece cuando se practica; éste es un ciclo de entrenamiento riguroso que se basa en su propio ingenio o inteligencia.

Igualmente importante este periodo le enseñará cuáles son sus limitaciones —se dará cuenta de hasta dónde puede llegar sin salir lastimado. Aprenderá cuál es su perímetro de eficacia máxima, el terreno en donde estará a salvo del posible ataque de sus adversarios.

En cuanto a lo anterior, aprenderá tanto de sus fracasos como de sus logros, así que no se desaliente. Más bien examine con detenimiento cada éxito y cada fracaso para descubrir cómo prevenirlo o volverlo a obtener en el futuro. De la sabiduría que obtenga acerca de su propia capacidad dependerá el modo en que resuelva su tensión durante los siguientes 29 años y medio; y será crucial para volver a tener éxitos o fracasos en el futuro.

Saque provecho de este periodo y aprenda bien la lección. Usted es un verdadero estudiante que aprende a base de golpes en la dura escuela de la vida. Las personas que se gradúan en ella son las que tienen más éxito en el mundo. Además, usted ya conoce la naturaleza cíclica de las experiencias, por lo que estará por encima de otros menos afortunados que no sabrán que este periodo llegará a su fin. La experiencia es la madre de la ciencia, como dice el dicho, pero usted tendrá que estar dispuesto a aprender. La tarea que se encomiende ahora, aunque no le reporte beneficios inmediatos, valdrá su peso en oro cuando lo que haya aprendido se convierta en la clave de las oportunidades de la que sus competidores carecerán.

SEGUNDO CICLO DE SATURNO

Cuando Saturno llega a la segunda casa comienza el segundo ciclo y, en lugar de la personalidad, el centro de presión pasa a las propiedades y el dinero. Igual que anteriormente usted tuvo que producir el máximo mediante su talento y personalidad, ahora tendrá que aprender a sacar el máximo partido económico con mínimos recursos. Sea lo que sea a lo que se dedique, lo tendrá que hacer con muy poco dinero y tratar de aparentar que lo hizo con mucho.

Esto no significa necesariamente que se verá empobrecido durante este periodo de dos años y medio. Es más, si tiene suerte es posible que tenga dinero, nada más que el negocio al que tendrá que dedicarse será tan enorme que necesitará de todos los fondos disponibles. La mayoría gente pasa por una racha de estrechez económica, pero si usted no está consciente de que se trata únicamente de una fase que, como todas las demás, pasará, sentirá bastante miedo al ver que los fondos disminuyen y las demandas van en aumento.

Esto se puede manifestar de diferentes maneras. Conozco a una mujer que se dedica a los cosméticos orgánicos a la que le ofrecieron una rara oportunidad de crecimiento y expansión durante este periodo. Pero cayó en un doble juego. A fin de impresionar a sus compradores potenciales, que eran muy fuertes dentro de la industria, se tuvo que vestir como si fuera millonaria y dar la impresión de que tenía un enorme éxito. Este tipo de "montaje" es la parte desafortunada de muchos negocios. No era rica ni tenía gran éxito, pero sabía que nunca lo sería si no actuaba así.

Así que se hipotecó hasta los dientes, y después suplicó, pidió prestado y robó cuanto recurso pudo desenterrar para levantar su "teatrito", haciendo uso de una rara ingenuidad, aunque no muy legal. Gracias a que se aplicó a hacer su tarea lo mejor posible, obtuvo los clientes y recibió más del doble de lo que se gastó. Y durante el proceso aprendió a estirar al máximo el dinero y ya no malgasta tanto como antes. Tuvo suerte. Si los vientos del destino hubieran estado en su contra habría perdido a los clientes y se habría ido a la bancarrota. Pero ese no era el destino fatal que suele ocurrir en nuestra sociedad, que le habría enseñado cuáles eran sus limitaciones en cuanto a su talento contable. En cualquier caso, su talento y sus habilidades habrían aumentado garantizándole un mayor éxito en el futuro.

Por otro lado, si hubiera intentado lograrlo sin hacer la representación adecuada, habría quedado fuera y seguiría siendo una pequeña comerciante. En cambio, aceptó el reto del segundo ciclo de Saturno y lo superó. Aunque hubiera perdido, tendría más posibilidades de lograrlo la próxima vez. Cualquiera que sea la presión financiera que soporte durante este tiempo, véala como un desafío que le ayudará a encontrar la manera más económica de hacer las cosas. Se dará cuenta de que podrá hacer milagros si se empeña, y desde luego que adquirirá hábitos y maneras de administrar los fondos que le harán ahorrarse incontables cantidades de dinero durante los siguientes 29 años y medio.

CICLO TERCERO DE SATURNO

Una vez que ha pasado el segundo ciclo, empezará a mejorar el flujo de dinero, no obstante tómeselo con calma. A medida que Saturno entra en la tercera casa comienza a ejercer una presión diferente, presión mental. No es una tensión de naturaleza emotiva, sino que se trata literalmente de una necesidad de la máxima realización mental: planes, ideas, proyectos para hacer dinero, etc. Le obligarán a rebuscar hasta llegar al fondo para encontrar las ideas que le darán beneficios, con lo que su imaginación tendrá que dar de sí hasta el tope. Será la prueba de hasta qué punto es diestro en la profesión a la que se dedica y si puede aprender rápidamente lo que sea necesario.

Si se ha superado y ha ido aprendiendo cada vez más en su trabajo no ha de ser un periodo difícil, excepto porque se pondrán a prueba sus conocimientos. Se trata de lo que le gusta, ese tipo de trabajo resulta divertido.

Usted tendrá que demostrar que posee un tipo de conocimientos que sean sustanciales y no superficiales; así que hará bien en detenerse a eliminar lo innecesario y edificar una postura sólida antes de presentar sus ideas. Este periodo pondrá a prueba su capacidad de ser conciso y riguroso en cuanto a su poder mental.

El efecto de este periodo varía en intensidad según la profesión. Es un momento crítico para un escritor, por ejemplo, ya que la mente es el elemento principal en su profesión. Conozco a un escritor que, sabiendo que pasaba por este ciclo, hizo todo lo posible por refinar y agudizar su ya bastante lacónico estilo poniendo especial atención en clarificar la lógica de su exposición literaria. Pasó mucho más tiempo limpiando y editando su trabajo que escribiendo de primera mano, y con sus esfuerzos logró establecerse firmemente como escritor profesional.

En las profesiones que requieren de menor atención mental, como los deportes, será un periodo menos crítico en cuanto a lo profesional, aunque tendrá un efecto inconfundible en el terreno mental. Y, cualquiera que sea su profesión, también reducirá los contactos sociales que le aporten dinero. Para poder obtener el máximo de claridad mental tendrá que recluirse todo lo posible a fin de pensar y sacar nuevas ideas a flote. Esto tiene el efecto secundario de ayudar a distinguir los amigos verdaderos de los meros conocidos que sólo le hacen perder el tiempo.

El tercer ciclo es menos crítico o estresante para la mayoría de las personas que los dos primeros, simplemente porque se suele aliviar la carga financiera, aunque es un periodo importante, sobre todo en cuanto a definir o perfeccionar las habilidades propias de su carrera que le servirán de apoyo y le darán a ganar más dinero en el futuro. Negarse a ello tal vez no signifique una pérdida inmediata, pero quizás provoque que más adelante usted sea pasado por alto a favor de un competidor que fue más listo que usted en este sentido.

CUARTO CICLO DE SATURNO

El cuarto ciclo de Saturno, cuando este planeta está en la cuarta casa, da comienzo a un tiempo de tensión y pruebas que suelen ser más de naturaleza interior que exterior, aunque puedan tener repercusiones considerables en su carrera. Parece ser un momento en el que tendrá que establecer una armonía dentro de sus relaciones familiares y aprender cómo integrarlas y equilibrarlas con sus aspiraciones profesionales. De modo más frecuente será una periodo en el que tendrá que disminuir las cargas pesadas del hogar y dejar que funcionen con el mínimo esfuerzo a fin de tener libertad para dedicarse a su trabajo o profesión.

Si es soltero puede significar el dejar la casa de sus padres o al menos cortar seriamente el contacto con ellos. Si está casado, pasará más tiempo en la oficina y menos en casa, y sufrirá un auténtico conflicto emocional al abordar estos cambios. Se trata de una auténtica remodelación de costumbres. El resultado final será la conservación de los hábitos y compromisos que son realmente significativos para usted y el abandono de costumbres que se han vuelto obligatorias pero que no tienen ningún uso práctico excepto hacerle perder tiempo y dinero (como el compromiso de estar en casa de sus padres el día de Acción de Gracias, justo antes de emprender un viaje de negocios, o cenar con su esposa, aunque haya tenido un día pesadísimo en la oficina). Es un momento especialmente difícil para las mujeres que trabajan ya que la sociedad todavía espera de ellas que sean brillantes amas de casa aunque tengan que hacer frente a un extenuante puesto ejecutivo.

Incluso para los que tienen pocos lazos o compromisos familiares este periodo de dos años y medio suele ser de austeridad en cuanto al hogar. Para muchos la casa se vuelve el lugar donde dormir, y en muchos casos el apartamento se convierte en un desorden durante este periodo. Si usted llega a ese extremo debe hacer algo para contrarrestarlo porque el hogar puede ser su apoyo cuando tenga que enfrentar cada nuevo día, si lo mantiene agradable, o también puede suceder al contrario, si no lo hace. Además en muchas profesiones es imprescindible tener una casa (y una familia) aceptable para salir adelante. Esto puede ser una prueba más del cuarto ciclo debido a que su situación profesional se perjudicaría como resultado de lo que pase en su casa.

Si dedica algún tiempo y energía para abordar estos temas llegará más lejos en su carrera a largo plazo. Obtendrá un clima familiar más grato que será un apoyo en lugar de una carga y que realmente le ayudará a avanzar en su profesión más adelante. Si se niega a ello, su vida hogareña será un impedimento cada vez mayor y los problemas se convertirán en verdaderas desgracias, sobre todo cuando Saturno llegue al ciclo séptimo.

CICLO QUINTO DE SATURNO

A medida que Saturno entra en la quinta casa usted llegará a lo que se podría denominar una crisis de creatividad. Tal vez se encuentre en un puesto en el que se espera de usted que tenga una creatividad espontánea que no se produce tan fácilmente como debería. Los aspectos de su trabajo que antes le resultaban fáciles y agradables ahora le parecen más pesados, aunque deben hacerse y hacerse bien.

En profesiones como la música o las artes, en los que la creatividad es parte esencial, este periodo puede resultar muy difícil. Conozco a un escritor de canciones pop cuya creatividad espontánea simplemente se desvaneció en ese tiempo. Siempre se había basado en la letra y la música que sencillamente le brotaba de la cabeza, pero de repente su cerebro estaba arrastrándose. Esto podría haber significado el fin de su carrera, y conozco otros dentro de su rama para los así fue. Afortunadamente él estaba decidido a utilizar el método que fuera necesario y desarrolló un nuevo modo de hacer su trabajo. Empezó a analizar la estructura del estilo de las canciones de éxito de entonces, en cuanto a letra y música, algo no del todo difícil ya que era el comienzo de la época disco. Eso le permitió fabricar una canción comercial sobre una base puramente técnica, sin basarse en la inspiración. Además, contrató a un socio escritor que no pasaba por el mismo ciclo y consiguió la espontaneidad que le faltaba. Por tan- to, no sólo logró sobrevivir económicamente sino que mantuvo su carrera y adquirió una educación musical autodidacta muy valiosa.

Conozco otro caso en el que una actriz descubrió que su método actoral no le servía durante este ciclo. La única forma de salir del paso fue aprender estilos de actuación más tradicionales que no dependieran tanto de la inspiración. Con esta táctica se salvó y amplió enormemente su alcance y talento como actriz.

Otro efecto colateral de la falta de inspiración puede ser una disminución considerable de la vida sexual que puede cobrar víctimas en su energía profesional. El antiguo magnetismo animal desaparece durante estos dos años y medio y, como la espontaneidad no llega fácilmente, usted no será tan sexy como de costumbre. En vez de librar una ardua batalla, que no ganará realmente aunque logre un éxito nominal, es bastante más fácil para la mente dejar de lado el tema durante este periodo y sublimar la energía en otros asuntos de su carrera donde puedan funcionar mejor.

Cuando el quinto ciclo se acaba, si se ha usado a plenitud, se contará con una estructura mucho más firme de la creatividad innata en el momento en que ésta vuelva a surgir, cualquiera que sea la profesión, ya que se ha sobrevivido a un periodo en el que no se contaba con ella. De ahora en adelante la creatividad será una fuerza que usted podrá moldear y controlar. En cambio, si usted vaga sin rumbo durante todo este periodo, la creatividad será algo que esté suspendido en el aire, y no podrá hacer uso de ella hasta que las musas decidan inspirársela.

75

CICLO SEXTO DE SATURNO

Una vez que Saturno entre en la sexta casa se encontrará en un periodo de trabajo particularmente duro. Es un periodo de prueba para sus dotes de negociante o de comerciante, sobre todo las referentes a los detalles de naturaleza no creativa. Se incrementa la carga de trabajo y, a pesar de que podrá disponer de su creciente creatividad, no podrá ponerla mucho en práctica. La actividad más importante que llevará a cabo durante este periodo será la de dedicarse con ahínco a su trabajo y batir el yunque.

Si este periodo tiene lugar mientras usted está en la secundaria o en la universidad, probablemente sentirá que las asignaturas son particularmente difíciles y tendrá que estudiar mucho más para aprobarlas. Si anteriormente estuvo saliendo del paso sin esfuerzo, las cosas se pondrán el doble de difíciles porque su capacidad mental no estará en forma. Lo mismo ocurriría en el mundo de los negocios, será un periodo de prueba en el que tendrá que demostrar su capacidad para solventar cualquier detalle. Esa capacidad depende mucho de cómo haya aprovechado el ciclo sexto de Júpiter.

En realidad, este es un principio general de los ciclos profesionales, que se tratará en profundidad en el capítulo 8. Cuando no se ha sacado provecho de los ciclos de Júpiter, los ciclos de Saturno equivalentes serán particularmente difíciles. Cuando los ciclos de Saturno se malgastan, los equivalentes de Júpiter no traen ni la mitad de beneficios.

Un buen ejemplo es el de un distribuidor de ferretería que conozco. El negocio de la ferretería tiene muchos detalles, uno tiene que conocer prácticamente cada tuerca y cada tornillo. Durante su ciclo sexto de Júpiter tuvo que enfrentarse a un frenesí de detalles y facturas, y lo que antes era un ferretería pequeña empezó a crecer. Siendo una persona que disfrutaba haciéndolo todo con precisión, se pasó día y noche ordenando todas sus cosas, una tarea que habría frustrado a cualquier otro menos meticuloso.

Cuando Saturno llegó al mismo punto, él tenía todo tan bien organizado que pudo vender su ferretería y tomar un empleo mucho más difícil, pero mejor remunerado, con un distribuidor de mayor envergadura. Si hubiera intentado realizar este trabajo al salir de un ciclo sexto de Júpiter débil, se habría dado cuenta de que era demasiado para él y se habría agobiado. Pero como hizo el trabajo como es debido, y durante el periodo sexto de Saturno quedó demostrado que estaba preparado para el trabajo, cobró su recompensa obteniendo enormes beneficios económicos.

Por tanto, si usted se aproxima al sexto ciclo de Saturno recuerde cómo le fue en su sexto ciclo de Júpiter y vea qué tan bien se desenvolvió (vuelva a leer ese capítulo si tiene dudas). Esto le dará la clave de lo placentero o desagradable que será el próximo ciclo de Saturno; si será un periodo de miseria o un periodo de trabajo duro pero bien remunerado.

CICLO SÉPTIMO DE SATURNO

Cuando Saturno alcanza la mitad de su ciclo total y entra en la séptima casa impondrá un periodo de limpieza del hogar hasta el punto en que sus socios y su vida personal se verán involucrados. Será un periodo en el que establecerá cuánto está dispuesto a obtener de ellos y cuáles deben ser los límites de sus privilegios. Suele ser un tiempo de separación de los socios que se aprovechan de uno. Puede que se asocie con otras personas que trabajen más, de hecho es un periodo de toda clase de tratos y negociaciones.

Por ejemplo, un editor que conozco entró en este ciclo teniendo serias dudas acerca de su socio, el que no estaba dando mucho de sí a favor del negocio. Pero como se trataba de un viejo amigo el editor no se animaba a separarse de él. Finalmente la presión llegó a ser tan intensa ─su esposa tenía que hacer el trabajo que debía hacer el socio─ que tomó la decisión de que su socio, aunque fuera su antiguo amigo, debía retirarse por el bien del negocio, al que estaba afectando seriamente. Compró la parte de su socio, puso a su esposa al frente como co-editora y el negocio empezó a florecer de nuevo. De un solo golpe eliminó lo que no servía y fundó una relación profesional con alguien que había tenido ese puesto de manera extraoficial durante mucho tiempo.

No obstante, no siempre las cosas funcionan de forma tan clara ni tan rápidamente. Tal vez tenga que decidir entre quedarse solo un tiempo o permanecer al lado de alguien que lo está retrasando o haciendo que su trabajo sea más penoso o ineficiente. Recuerde, si no aprovecha ahora la oportunidad, sabe Dios cuánto tiempo tendrá que cargar ese lastre. En esencia ésta es una oportunidad negativa que tendrá efectos positivos más adelante.

En ocasiones, la elección de compañero o socio se siente más en cuanto a la vida personal, dando como consecuencia separaciones, rompimientos o divorcios. Igual que pasa en los negocios, esto puede dar como resultado la consolidación de una relación de noviazgo.

Incluso cuando los efectos no caen dentro de la esfera profesional, tiene repercusiones en ella, acaparando cierta dosis de energía que podría haberse empleado normalmente en las relaciones laborales. Por último, creo que el lado personal es más importante, pero a corto plazo podría dañar seriamente su cuenta bancaria.

CICLO OCTAVO DE SATURNO

Cuando Saturno entre en la casa octava entrará en un periodo en el que el tema principal de pugna y controversia será el crédito, o por lo menos el uso que dé a los fondos o el dinero de otras personas. Quizás usted tenga que depender de ellos, por lo que es importante que se desempeñe lo mejor posible en aras de obtener un buen crédito en el futuro y de ganarse una buena reputación en cuanto a sus dotes de administrador. Si es meticuloso a la hora de hacer sus pagos y usa el dinero solamente para lo que lo pidió, ganará una reputación irreprochable que le será de mucha utilidad cuando desee obtener otro financiamiento. Sin duda, esto es importante porque los financiamientos de cualquier tipo pueden ser muy difíciles de obtener durante este tiempo, y cualquier descuido anterior (como cuando el dinero no era tan escaso durante el pasado ciclo octavo de Júpiter) podría hacer las cosas mucho más difíciles. En cualquier caso, es el periodo ideal para restablecer la credibilidad.

Un carpintero que conozco tenía un rango de crédito regular pero no necesitaba más pues se desenvolvía bien. Tomó esta ocasión para cambiar las cosas a su alrededor. Pidió un pequeño préstamo aunque no lo necesitaba realmente y lo devolvió bastante rápidamente. Siguió su camino comprando cosas siempre que podía y pagándolas cuanto antes para ahorrarse los intereses. Estableció crédito con todos sus proveedores y al cabo de dos años tenía un magnífico nivel de crédito, a pesar de que no tenía grandes propiedades como casas, inversiones o bonos. Alrededor de un año después pudo solicitar un préstamo grande cuando se le presentó la oportunidad de obtener un gran contrato. No tuvo que perder tiempo ni afrontar problemas para establecer un crédito elevado y sacó provecho de la oportunidad de su vida.

En cambio, conozco a un veterinario bastante rico (es propietario de varias oficinas y edificios importantes en Manhattan) pero nunca pudo obtener una tarjeta de crédito American Express. ¿Por qué?, pues porque nunca paga sus cuentas a tiempo y no le gusta pedir prestado. No pagaría ni un gramo de los intereses que costaría solicitar un préstamo. Lo triste es que los bancos tienen que obtener una buena cantidad de intereses de usted antes de darle un alto nivel de crédito. Así es como la ciudad de Nueva York se endeudó a principios de la década de los 70, estaba ansiosa de acabar con la deuda más alta que una ciudad haya pagado a los bancos.

Tiene pocas posibilidades de llegar a estos extremos, pero el ciclo octavo de Saturno es, por lo general, un tiempo en el que se siente la presión en cuanto a la forma en que se utiliza el dinero de los demás, ya sea en forma de préstamo o refiriéndose a las responsabilidades que usted tenga respecto a los fondos de alguien o los de su empresa. Si maneja los montos pequeños bien, aumentarán las oportunidades de obtener mayores responsabilidades. Si falla no tendrá asuntos de importancia durante mucho tiempo.

CICLO NOVENO DE SATURNO

Cuando Saturno alcanza la casa novena probablemente se encontrará en un momento de cristalización de los conceptos más amplios del sentido de la existencia que podrán tener un efecto profundo en su futuro. Suele ser un tiempo en el que deje de lado muchas de las metas que se propuso previamente y se disponga a emprender camino hacia otras que ahora ve más significativas para usted. El resultado podría ser un cambio de carrera, de estatus social, posesiones, familia y creencias espirituales, por lo que no es conveniente tomarlo a la ligera.

Durante este periodo he observado cómo hombres de negocios respetables se convierten en hippies, y cómo algunos hippies se transforman en altivos comerciantes. Es momento de recapacitar acerca de las creencias generales que repercutirán seriamente en la profesión. Por ejemplo, un doctor que conozco que tenía que ver con una especialidad muy lucrativa y de lujo comenzó a tener dudas acerca del valor de su vida durante este periodo. Ganaba mucho dinero pero no hacía nada por cumplir con sus votos médicos de ayudar a la humanidad. De hecho, se pasaba la mayor parte del tiempo atendiendo problemas de callos, juanetes y otras especialidades de los pies, principalmente entre pacientes ricos. Consideró la posibilidad de abandonarlo todo y ejercer la medicina general en un pueblo vecino en donde lo necesitaban, pero con ello desperdiciaría gran parte de su especialidad y destruiría el nivel de vida de su familia. Después de pasar agonías intensas, tuvo suerte y encontró un punto medio: continuaría con su práctica, un poco reducida, y dedicaría el mayor tiempo posible a un programa de investigación sobre el desarrollo de una pierna y un pie artificiales, los cuales (o sus sucesores) podrían algún día embellecer el primer Hombre Biónico de verdad. Por lo tanto, pudo hacer una auténtica contribución sin deteriorar demasiado sus ingresos ni su estilo de vida.

No todo el mundo tiene ocasión de jugar en los dos extremos filosóficos con éxito. A menudo el cambio es radical y alterará significativamente la carrera convirtiendo el siguiente ciclo en un periodo de lucha intensa por establecer una nueva vía profesional.

Probablemente tan importantes como las repercusiones que tenga en su carrera serán las implicaciones morales. Los trabajos van y vienen, pero las convicciones y la capacidad de vivir de acuerdo a ellas hacen que la vida merezca vivirse o por el contrario se convierta en una rutina sin sentido. Es mejor esperar a resolver todas estas cuestiones ---el estilo de vida que realmente uno quiere, el mundo que nos rodea y demás--- antes de modificar drásticamente la dirección de la carrera. Puede verse tentado a buscar soluciones fáciles de las que se arrepentirá profundamente después.

Antes de dejar una carrera promisoria en la cuneta, piénselo bien y asegúrese de que podrá sostener su nueva elección, porque necesitará de toda su convicción para hacer que funcione su siguiente ciclo.

CICLO DÉCIMO DE SATURNO

Cuando Saturno entra en la décima casa, sean cuales sean los cambios conceptuales que usted haya hecho durante el ciclo anterior tendrá que ejercer presión sobre ellos a fin de lograr una buena reputación por haberlos realizado. Ya que están relacionados, tal vez sus efectos tiendan a entremezclarse en un periodo de más de cinco años en lugar de estar bien definidos en dos periodos de dos años y medio. Durante la décima parte de este periodo, el interés será cada vez más el hacerse de un lugar en el mundo, no siempre en concordancia con sus anteriores directrices o con las personas con las que se relacione entonces. Por lo tanto, pasará por un periodo de doble dificultad porque carecerá del apoyo con el que contaba anteriormente justo cuando aborda un terreno completamente nuevo en el que no tiene la suficiente experiencia como para ser independiente. Durante este lapso podrá sentirse muy solo ante el peligro y sin ninguna convicción que pueda ampararlo.

Una aplicada ingenuidad le acompañará durante todo este tiempo. Mucho dependerá también de los ciclos de Júpiter que esté atravesando. Si Júpiter le trae un periodo financiero positivo, como el segundo ciclo, y se esmera en desempeñarse bien, entonces este ciclo de Saturno será mucho más llevadero. En cambio, si Júpiter está entrando en el ciclo sexto, tal vez se vea inundado por más trabajo del que puede afrontar sin el suficiente prestigio ni el apoyo financiero. Todo depende de dónde comiencen los dos ciclos a la hora de su nacimiento y cuanto tiempo tiene que pasar para volver a ocurrir. Suena un poco como a la ruleta rusa, pero tenga en cuenta que se trata tan solo de ciclos de influencia y que el resultado final dependerá de cómo usted los resuelva o los utilice.

Para muchos de los inocentes jóvenes hippies de finales de los sesenta, el noveno y el décimo ciclo representaron la tremenda lucha, primero por los ideales y luego financiera, al abandonar la moribunda era del desperdicio y entrar en la depresión económica de principios de los setenta, que reaccionó sobremanera ante estos nuevos inquilinos. Esta gente tuvo que acabar con una filosofía de desperdicio concebida muy a la ligera y muchos se abocaron a regresar a la universidad o se zambulleron directamente dentro del comercio y las ventas tradicionales. Fue una transición difícil, ya que eran nuevos en el gremio; sin embargo los florecientes negocios como las boutiques, la parafernalia para adornar la cabeza y otros productos de la "nueva era" atestiguan su éxito generalizado.

Por el contrario, para la generación inmediatamente superior (en cinco años más o menos), el trauma del cambio de compromiso no fue durante el comienzo de los sesenta, sino al finalizar, cuando tuvieron que reconstruir las metas irrealistas y deshumanizadas de los cincuenta. Su pugna fue por establecer los conceptos de la "nueva era" actual, mientras que la lucha del siguiente grupo fue hacer que esos conceptos fueran rentables y convertirlos en un modo de vida aceptable dentro del contexto social. Muchas de las contribuciones de la primera generación sucumbieron, pero muchas otras se hicieron lo suficientemente prácticas y por lo tanto más útiles de lo que eran en su forma original.

Tal vez la lucha actual en este tema pueda ser el intento de integrar las diferentes ramas y descubrimientos del mundo espiritual con las necesidades del mundo de los negocios. De esta síntesis saldrá algo muy bueno, pero no será fácil.

CICLO UNDÉCIMO DE SATURNO

Cuando Saturno entra en la undécima casa, se establece un periodo de marcada independencia en cuanto a lo que se da y lo que se recibe, dentro de la carrera profesional. Si sus esfuerzos anteriores dieron fruto fue porque rechazó la ayuda de sus superiores, que hace poco le dieron la espalda, le dijeron que no lo lograría y que ahora lo observan con recelo.

En este periodo no podrá contar con la ayuda de las personas que estén por encima de usted. En ocasiones la razón será algo inocente que usted ni siquiera sospecha y que no descubrirá hasta mucho después. Por ejemplo, en los sesenta conocí a un productor de discos con bastante talento que producía discos dentro del sonido pop del momento. Pero por algún motivo, durante la iniciación del undécimo ciclo no pudo llegar a un acuerdo con ninguna de las principales compañías para que distribuyeran su producto. Presentó el producto a un representante de una compañía importante quien lo elogió y dijo que era un gran éxito en potencia, pero a medida que fue pasando el tiempo su interés decreció y todo se vino abajo. No podía entender qué era lo que estaba mal hasta que el escándalo de las comisiones ocasionó que las grandes compañías modificaran por completo la forma de seleccionar sus productos. Entonces comprendió su error: no ofreció a los representantes de la compañía la comisión por el adelanto que supuestamente le iban a dar.

Esta ingenuidad tan marcada es común entre los productores de discos, pero existen otros cientos de detalles que podrían amargarlo durante este ciclo undécimo de Saturno, y usted no se daría cuenta hasta mucho después. Pero si tuviéramos que depender de las limosnas de los más afortunados estaríamos en muy mala situación, por lo que este periodo tiene la significativa ventaja de aprender a ser independientes y a obligarnos a contar solamente con nosotros mismos cuando no hay nadie a nuestro alrededor que pueda ayudarnos.

Este aspecto tiene relación con el hecho de que las personas en las que pueda confiar durante este ciclo serán sus verdaderos amigos y no simplemente compañeros por conveniencia. Tiende a ser un tiempo en el que distinguirá quiénes son sus amigos y quiénes no. Cuando corte los lazos con sus superiores se dará cuenta de cuáles de sus compañeros basan sus decisiones en las relaciones personales y cuáles piensan en el dinero o la conveniencia para establecer sus alianzas. Ya sea que usted esté inclinado por permanecer en su nivel actual o si prefiera ascender hacia el éxito gracias a su independencia, de nuevo se verá afectado por el ciclo de Júpiter. El ciclo primero de Júpiter le ayudará mucho a ascender, mientras que el ciclo séptimo le hará permanecer entre sus iguales.

CICLO DUODÉCIMO DE SATURNO

En cuanto Saturno hace su movimiento final antes de regresar a su posición en el Ascendente usted sentirá que atraviesa por un periodo particularmente engañoso o incierto en el que será mejor que cuide sus pasos. Es momento en el cual sus esfuerzos por salir adelante pueden ser desviados sin que usted se entere por personas que no le aprecian lo suficiente. Por tanto, tal vez se vea frenado sin merecerlo y no sepa cómo cambiar la situación.

Por ejemplo, una amiga mía era una contadora excelente en una compañía importante de Nueva York. Estaba en el nivel inmediatamente inferior al puesto de contadora en jefe. Cuando su superior dejó el cargo para cambiarse de compañía, a ella la pasaron por alto. Ella sabía que estaba cualificada para el puesto y tenía la suficiente expe- riencia con los directivos de esa firma como para esperar conseguirlo.

Pero estaba pasando por el ciclo duodécimo de Saturno y sus expectativas no iban a tener el resultado que esperaba. Por el contrario, el presidente de la firma dejó de lado las recomendaciones que le hicieron sus consejeros y contrató a otra persona de fuera de la compañía con muchas menos recomendaciones, excepto el hecho de que era su amante. Mi amiga se desilusionó, se resignó inmediatamente a su posición y buscó trabajo en otra compañía, decisión bastante acertada ya que no es recomendable laborar en un lugar en donde el director abusa de su posición. Desafortunadamente, necesitó de mucho tiempo para descubrirlo y tal descubrimiento fue doloroso. El saber acerca del ciclo duodécimo de Saturno tal vez no pueda prevenir lo que suceda pero ciertamente aminorará el golpe.

Sería buena idea llevar un archivo detallado de todos los tratos o acuerdos que se hagan durante este periodo, sobre todo en las áreas en las que usted normalmente sería poco cuidadoso, como en acuerdos de apretón de manos con los amigos, o cosas parecidas. Los problemas podrán proceder incluso de entre las personas más queridas y cercanas, así que no se confíe sin necesidad. He visto esto varias veces, pero la primera y más dolorosa fue cuando un amigo mío muy cercano, y socio, me echó para atrás deliberadamente, algo que descubrí que había sucedido durante casi todo el ciclo duodécimo de Saturno. Todos los acuerdos importantes que tuve con él fueron básicamente verbales o insuficientemente documentados, lo que dio como consecuencia una disputa amarga y sin esperanza en la que yo no podía esperar salir ganando. Si hubiera sido más prudente hubiera tenido aunque fuera una pierna para sostenerme, pero nunca me imaginé que él fuera un traidor, (eso podría decirse de todos los traidores con éxito). Lo más triste fue que él me considerara a mí un traidor y me detestara hasta el día de su muerte.

En ocasiones, la clave para el entendimiento de este periodo intrigante es que el siguiente es el ciclo de las pruebas de personalidad, y las pruebas del mañana se están fraguando en el presente. Por lo tanto, su deber es tomar precauciones siempre que pueda, una técnica valiosa que todo el mundo tiene que aprender a fin de salir adelante (o evitar quedarse atrás) y que se discutirá en mayor profundidad en el último capítulo de este libro.

Esta idea de estar preparado por adelantado para el ciclo siguiente es uno de los usos principales de este libro. Al saber de antemano las influencias que va a tener en el ambiente podrá izar las velas antes de que se levante una ventolera inesperada. Los que no estén familiarizados con los ciclos profesionales no tendrán que perecer necesariamente, después de todo los marinos mercantes tuvieron que sobrevivir antes de que se pudieran hacer predicciones meteorológicas, aunque el índice de barcos dañados o perdidos era mucho mayor que el de ahora. Los principales elementos necesarios para el éxito son la robustez del barco y el talento y la determinación del capitán y la tripulación. Aun así, la mayoría de la gente revisa el reporte meteorológico antes de aventurarse mar adentro.

Básicamente, la interacción de los ciclos de Júpiter y Saturno establece los principales patrones en la dirección de la carrera profesional, igual que el ciclo orbital de la Tierra y los ciclos de emisión de rayos solares establecen los patrones generales del clima en el planeta; sin embargo, existen otros factores importantes que deben tenerse en cuenta antes de apresurarse a sacar conclusiones o predicciones. Algunos de ellos se abordarán en los capítulos siguientes.

CASAS SOBRE CASAS

Una de las viejas técnicas astrológicas tradicionales tiene una buena aplicación en las diferentes partes de cada ciclo de cualquier planeta. Contando las casas a partir de donde usted se encuentra, percibirá lo que significan o lo que significarán en su situación actual. Cuando entre en el ciclo noveno de Saturno, por ejemplo, cuente uno más (cuando Saturno entraría en el ciclo décimo) y podrá tomar la décima casa como la segunda del ciclo noveno; el tránsito a la casa undécima como la tercera casa del ciclo noveno y así sucesivamente. Se dará cuenta de que el simbolismo y los efectos que encierra son bastante aplicables y eficaces. Así pues, cuando Saturno va del ciclo auto-limitante número uno hasta el comienzo del ciclo séptimo la limitación empieza a centrarse en sus socios, tema asociado tradicionalmente con la casa séptima. En la esfera de un horóscopo ordinario esto puede resultar bastante confuso y complejo, pero cuando se presenta mediante un gráfico se podrá comprender de un solo vistazo.

INFORME SOBRE EL PROGRESO

¡Deténgase! No siga sin leer esto primero. Si no lo lee tal vez sea un desperdicio el dinero que gastó al comprar este libro. Como la mayoría de las almas curiosas, usted habrá recapacitado acerca de su vida pasada mientras leía los capítulos anteriores, sobre todo los de Júpiter y Saturno, y se habrá dicho: "Eso es exactamente lo que me pasó a mi", o "No sucedió así". Lo que es peor quizás, al observar lo que está por ocurrir, piense "Dios mío, las cosas me iban tan bien ¿y ahora voy a tener que enfrentarme a *esto*?" Bueno, todavía no hemos trazado el esquema completo. Existen factores favorecedores que podrían cambiar parte del escenario, como son los factores relativos a los planetas más lejanos y el sistema de casas que se esté utilizando.

Un buen ejemplo sería que usted haya detectado una tendencia en su vida pasada con hasta un año de diferencia en las diferentes áreas. Cuando sea así recuérdelo e imagínese que es probable que se repita en el siguiente ciclo y ajústelo según eso. La función de este libro es describir sus ciclos recurrentes, no el hacer un informe estadístico de casos de estudio. Cada caso es único, por lo que no siempre respondemos exactamente igual que los demás, incluso refiriéndonos a los ciclos más fijos.

También por este motivo deje que su pasado sea su maestro. Siempre que haya experimentado que un ciclo determinado se diferencie de la interpretación común, añada su enfoque particular antes de aplicar la interpretación a su futuro. Se dará un idea más clara de lo que está a punto de suceder. Ahora, por favor siga leyendo el resto del libro.

Capítulo 7

Urano, Neptuno y Plutón

Los planetas más lejanos

Aunque por definición todos los ciclos son regulares, existen puntos en los que el ciclo se puede romper, interrumpir o anular. Esto puede ocurrir, por ejemplo en la naturaleza, por varias razones. Un fenómeno atmosférico puede interrumpir un ciclo migratorio o incluso detenerlo por completo hasta el año siguiente, en cuyo momento se restablecerá.

En ciertos casos, como los ciclos de las manchas solares, esta interrupción puede ocurrir durante un periodo mucho más largo por motivos hasta ahora desconocidos. Durante el periodo entre 1645 y 1715, que los astrónomos denominaron "Maunder minimum" por el hombre que lo estudió, no hubo apenas manchas solares, lo que ocasionó un cambio radical en el clima que se llamó "la pequeña era glaciar". Pero en 1715 el ciclo finalizó y no se ha detectado otra interrupción de manchas solares hasta ahora, aunque según algunos debería ocurrir pronto. Hubo interrupciones anteriores entre 1460 y 1550 (llamado "Sporer minimum") y entre 1100 y 1250 (llamado el "Grand maximum") en las que hubo un tremendo surgimiento de actividad de manchas solares que coincidió con las Cruzadas. Pero después de cada una de estas interrupciones se restableció el ciclo normal.

Los ciclos regulares pueden verse anulados por otros ciclos que interfieran. Se sabe que los ciclos de población de las liebres silvestres son anulados por los periodos más elevados de población de zorros. En la medida en que haya un extraordinario número de zorros en todo el planeta las liebres no pueden alcanzar su nivel de población normal. Cuando desciende el número de zorros de acuerdo con su ciclo normal (por no haber suficientes conejos, entre otras razones), las liebres restablecen su ciclo normal de población.

Los ciclos regulares de la profesión de Júpiter y de Saturno poseen sus propias bandadas de "zorros" que por lo regular suprimen o interrumpen sus efectos. Son los ciclos de los planetas más lejanos, Urano, Neptuno y Plutón, los cuales son mucho más largos que los de Júpiter y Saturno y tienden a interferir en los efectos de ellos en dos ciclos importantes de la vida. Según el planeta de que se trate el periodo del ciclo de Saturno o de Júpiter puede volverse más caótico o impredecible, o sus efectos pueden resultar tan difusos o aminorados que casi no se detectan. Por supuesto, es importante saber cuándo ocurrirán esas desafortunadas interrupciones ya que podrían ser desastrosas a la hora de querer sanar las heridas o recuperar la energía (como en el caso de Júpiter) y ver que no pasa nada. Con Saturno sucede algo parecido ya que el periodo de tensión que usted pueda estar esperando podría volverse el doble de difícil de lo que pensaba.

Debido a lo largos que son los ciclos de estos planetas sólo se sentirán sus efectos en unas cuantas áreas específicas en las que interfieren con los ciclos más cortos, pero sus efectos son bastante más fuertes y pueden literalmente tirarlo por la borda si no está preparado. Es más, tal vez no interfieran directamente; puede que maticen la interacción entre los ciclos de Saturno y Júpiter (como se verá en el siguiente capítulo).

URANO

El ciclo de Urano es de 84 años, o sea que si tiene suerte vivirá para ver uno completo. Debido a la diferencia proporcional de duración, Urano interrumpirá a Júpiter apenas cada tercera posición de signo astral, a intervalos de catorce años, mientras que con Saturno interferirá cada seis signos, en intervalos de cuarenta y cinco años.

Siempre que Júpiter o Saturno se encuentren en el mismo signo que Urano su ciclo personal de Júpiter o de Saturno se verá alterado. El efecto de Urano es volver una situación normal en un caos esporádico o en un cambio inesperado. En el caso de Júpiter o de Saturno esto podría trastornar los acontecimientos a menos que ponga más cuidado en mantener el equilibrio y esté prevenido de que puede suceder algo inesperado. Si lo hace podrá sostener la cabeza en su lugar mientras que los demás no, lo que le dará una decidida ventaja sobre ellos.

Un impresor que conozco atravesó un periodo difícil proporcionándonos un ejemplo necesariamente negativo respecto a este ciclo determinado por la conjunción de Júpiter y Urano a finales de 1969. Su Ascendente estaba en Virgo por lo que el ciclo de Urano cayó directamente en el segundo ciclo de Júpiter, a un signo de distancia de Libra. Según su esquema el segundo ciclo de Júpiter le estaba trayendo un gran flujo de dinero y el negocio andaba especialmente bien. Sin embargo, gracias a la intervención de Urano, este "flujo" fue más bien una serie de esfuerzos intermitentes. Por lo tanto, cuando de repente le llegaban grandes pedidos de último minuto no tenía la capacidad de resolverlos. Entonces, seguía un periodo en el que no tenía ningún pedido, en el cual sus gastos generales casi le llevan a la quiebra. El resultado fue que otros impresores que no tenían un comercio tan esporádico, aunque voluminoso, lo fueron adelantando gradualmente hasta que se vio obligado a vender su negocio. Si hubiera sabido lo que le esperaba tal vez habría reconsiderado el horario laboral de sus empleados para poder disponer de su ayuda en los momentos en que fuera necesario y no tener que sostener sus gastos cuando no fuera necesario. Nunca se le ocurrió porque a los demás impresores no les estaba pasando lo mismo; era una situación única para él, que le sacó del gremio.

De modo similar, cuando Urano interfiere con Júpiter en alguno de sus ciclos se pueden observar este mismo tipo de efectos discordantes y perturbadores. Por ejemplo el cuarto ciclo es normalmente un periodo de mudanza, expansión o reubicación, pero cuando Urano está ahí, esto puede suceder no una sino varias veces y sin previo aviso. Por consiguiente, cualquier movimiento que se haga se debe hacer con precaución, ya que puede ser que el gasto de otro evento inesperado desequilibre la cuenta bancaria.

Es más difícil decir exactamente cuál sea el significado de la interferencia de Urano en el ciclo de Saturno, pero se han hecho suficientes observaciones acerca de su influencia sobre las relaciones entre los ciclos de Júpiter y Saturno (un ciclo de 20 años) como para aventurar una suposición. Probablemente el efecto de la unión de los ciclos de Urano y de Saturno sea el de exagerar la claridad y la cristalización del ciclo normal de Saturno. Siempre que el ciclo de Saturno tienda a ser de prueba y de reducción de recursos al mínimo la influencia de Urano añadirá claridad y ayudará a esbozar reglas de acción y conducta que perdurarán y serán efectivas durante mucho más tiempo del que normalmente se podría haber anticipado. Un ejemplo de este efecto en el nivel mundano es el hecho de que durante el siglo pasado se han hecho los principales descubrimientos de física, alrededor de la conjunción Saturno-Urano.

Si está empezando a aturdirse con tanta conjunción de los diversos ciclos y números, en el siguiente capítulo descansará. Todo lo que hemos visto se puede exponer en un gráfico muy descriptivo y fácil que mostraré después. Dónde y cómo influyen exactamente los efectos de Urano, Neptuno y Plutón en los ciclos profesionales es mucho más fácil de discernir sobre una base anual utilizando las técnicas gráficas que le enseñaré en el siguiente capítulo, pero no deje de leer el resto de este capítulo. Si no conoce las cualidades básicas de los planetas más lejanos y sus ciclos, no le ayudará mucho leer los gráficos. Si es necesario, ignore lo referente al número del ciclo (están aquí para los entusiastas de las matemáticas y la astronomía) y vaya directamente a su significado. En dónde interactúan quedará completamente claro más adelante.

NEPTUNO

Cuando Neptuno interfiere con un ciclo de Júpiter o de Saturno (cuando están en el mismo signo) tiene el efecto de difusión e inseguridad. Tiende a remover las aguas de un ciclo normalmente claro y hace más difícil comprenderlo y utilizarlo. A diferencia de Urano, cuyas interferencias ocurren relativamente pocas veces, Neptuno se cruza con Júpiter cada 13 años, en ciclos sucesivos; y con Saturno cada 35 años, normalmente en el mismo número de ciclo. Por tanto, Neptuno interferirá una vez en cada vuelta total de Júpiter y de Saturno, y casi en el mismo lugar. Con ello tiende a convertir dicho periodo en poco favorecedor para el aprendizaje y las oportunidades, y se le debe prestar más atención para superarlo.

Cuando coincide con un ciclo de Júpiter, Neptuno suele ser engañosamente vigorizante. Tomemos el ejemplo de un amigo mío que abrió una tienda y comenzó a sacar al mercado una nueva línea de productos (accesorios para el uso de medicamentos) con los cuales abastecerse en 1971, cuando la industria todavía era de pequeño nivel. Tenía el Ascendente en Géminis por lo que estaba pasando por el ciclo séptimo de Júpiter (estaba en Sagitario, donde estaba también Neptuno). Estaba un poco desfalcado así que se alegró a la hora de que varios ricachones le ofrecieron hacerse socios suyos. Considerando el ciclo por el que estaba pasando era lógico que aceptara. Pero en vez de fijarse detenidamente en las condiciones de los contratos para que resultaran justos para él, firmó simplemente lo que le pusieron enfrente confiando en su "corazonada". Todos eran serios y maduros, así que ¿qué podría salir mal? Pues bien, para mi amigo todo fue mal. Cuando salió de la cortina de humo, alrededor de un año después, se encontró que era todavía un socio minoritario en su propia compañía y casi en camino de ser despedido definitivamente. Cuando volvió a revisar su contrato se dio cuenta de que era un suicidio financiero para él, y en 1973 se vio obligado a dejar el negocio por completo.

¿Qué habría podido hacer si hubiera estado al tanto de los efectos del ciclo de Júpiter y de la presencia de Neptuno en ese momento? Si bien habría estado igualmente expuesto al fraude, por lo menos habría pedido la asesoría de un buen abogado para que no le hubieran embaucado del todo. O tal vez hubiera decidido seguir siendo un pe- queño empresario y tomar la oportunidad de crecer cuando las cosas estuvieran más claras, durante el siguiente ciclo de Júpiter. El hecho es que no siempre se puede uno librar del efecto desalentador de los ciclos de los planetas más lejanos, excepto dejar pasar la tormenta y salir a navegar cuando el cielo esté despejado. Espero que cuando Neptuno volvió a interferir en el ciclo octavo de mi amigo, en el signo de Capricornio (en 1984) hya evitado administrar el crédito o el dinero de otras personas a la ligera o se habrá encontrado en una ruina similar. En realidad, quizás lo mejor sería elegir a un buen socio administrador (en un momento en el que sabrá elegir bien) y no encargarse de ese tema para nada hasta que Júpiter se mueva. [N.B:

Es más, contrató a un administrador para que le manejara su negocio y sacara beneficios de la montaña rusa de avaricia que tuvo lugar en los años 80.]

La interacción de Neptuno con el ciclo de Saturno no ocurre tan a menudo, pero les presentaré un buen ejemplo, una especie de accidente. Una señora bastante amargada del movimiento en defensa de los derechos de la mujer me contó una historia (era la suya) que encaja perfectamente dentro de la idea. Su Ascendente está en Tauro y se graduó en la escuela de leyes en 1952 justo cuando entraba en el sexto ciclo de Saturno. En el momento en que tuvo la desgracia de aceptar entrar como socio (bastante minoritario) dentro de una firma que antes era solamente para hombres, con la impresión de que ponía más empeño en el trabajo podría anular las desventajas de su posición y su sexo y llegar a la cima como sus compañeras de graduación.

No podía haber estado más equivocada. No sólo estaba en un periodo (sexto ciclo de Saturno) en el que debía afinar las puntadas y demostrar el máximo de experiencia —algo que no podía llevar a cabo precisamente por su inexperiencia—, sino que la influencia de Neptuno la llevó incluso a mayores errores y confusión. En poco tiempo se vio realizando las labores de una secretaria. Y gracias a la confabulación y a la mayoría masculina dentro de la profesión legal de ese tiempo, tuvo muy pocas oportunidades de acceder a una posición mejor en otra firma si se hubiera decidido a irse.

Como resultado decidió abandonar la profesión en vez de pasarse la vida como una esclava, y al parecer todos los años de estudio no le habían servido para nada. Realmente, tal como resultó, no era ese el caso ya que su conocimiento de las leyes la condujo a entrar a la defensa del consumidor y al movimiento para la defensa de los derechos de la mujer después de pasar unos años deambulando en el mundo de los negocios y, como resultado, fue capaz de aportar una contribución real y creativa. Pero fue sólo después de años de dolor, rechazo y desilusión, que dejaron un profunda huella en su alma.

¿Cómo podría haberlo evitado? Es una pregunta difícil de responder ya que incluso el ciclo de Júpiter la inclinó a tomar la decisión desafortunada de entrar en el gabinete de abogados. Júpiter estaba sobre su Ascendente en el ciclo primero haciéndola sentir que podía desenvolverse bien y tener éxito. Todas las circunstancias que la rodeaban la empujaban a tomar una decisión desastrosa. Dentro de las opciones que entonces tenía, probablemente la mejor hubiera sido entrar a formar parte de la Sociedad para la Asistencia Legal. Este era el empleo menos atractivo en aquel momento, pero el terreno de batalla hubiera sido más fácil y el ciclo de Júpiter le hubiera ayudado mejor ya que tendría que haber aparecido en público más a menudo. Nunca se le ocurrió haber tomado ese puesto inferior después de haber estudiado arduamente en una escuela de leyes de alto nivel. Muchas veces, sobre todo cuando interfieren los planetas más lejanos, lo más seguro es quedarse en la misma posición o incluso en un puesto aparentemente inferior, en lugar de zambullirse en un terreno pantanoso y permitir que, en aras del progreso, nos arrastre a la perdición. Son decisiones difíciles de tomar pero justas, una vez que se tiene la información acerca de los ciclos profesionales.

PLUTÓN

Cuando Plutón interfiere en los ciclos de Júpiter o de Saturno suele tener el efecto de anularlos en gran medida (como en el caso de Júpiter) o de hacerlos particularmente opresivos (en el caso de Saturno). Suele afectar reiteradamente la misma área profesional o trasladarse hasta un ciclo más adelante con lo que enfatizará un determinado problema dentro de la carrera profesional. Es más, cuando este planeta pasa a un par de grados del Ascendente parece imposible tener éxito laboral. Por lo tanto, desde mediados de los 80 hasta mediados de los 90, los que tienen el Ascendente en Escorpio tuvieron una terrible sacudida profesional, algo que no se puede explicar por el momento, aparte de la sentencia astrológica tradicional de que Plutón es el planeta de la muerte y la transformación. Si usted tiene Sagitario en el Ascendente, ¡prepárese para el chapuzón!

De cualquier modo usted encontrará que los efectos de este planeta sobre los ciclos de Júpiter o Saturno serán deprimentes, o sea, que le sacará menos provecho al ciclo de Júpiter y obtendrá más dificultades en los ciclos de Saturno. Un ejemplo de la supresión del ciclo de Júpiter es el de una mujer que se dedicaba al negocio de la joyería, haciendo y vendiendo sus propios diseños. Tiene el Ascendente al final de Virgo, por lo que cuando Júpiter estuvo ahí en 1968 entró en su primer ciclo y debería haber obtenido un gran empuje. Lamentablemente Plutón también estaba en ese lugar y no importó el empeño que le pusiera a su labor de ventas, no pudo conseguir ni un solo comprador, a pesar de la excelente calidad de su trabajo. En un caso normal, en ese tiempo tendría que haber dado la impresión de ser mejor incluso de lo que era, pero gracias a Plutón ocurrió todo lo contrario. Todo el mundo le dio la espalda y ella se sintió muy desolada sin entender por qué sus esfuerzos le habían llevado a un fracaso total.

A falta total de compradores decidió producir ella misma su joyería esperando que paso a paso podría levantar el negocio y dejar que el público decidiera por sí mismo si sus diseños eran buenos. Cuando entró en el siguiente ciclo de Júpiter eso exactamente fue lo que ocurrió y no pudo abarcar tanta demanda. En poco tiempo tuvo una pequeña compañía floreciente y decidió dejar de tratar de impresionar a los compradores. Gracias a su perseverancia, el efecto desolador de Plutón la llevó a obtener más beneficio que daño, ya que decidió hacerse a un lado en vez de batallar contra lo imposible.

En realidad, ésa es la clave para manejar la interferencia de los tres planetas más lejanos en los ciclos de Júpiter y de Saturno. No se puede hacer casi nada para combatirlos así que lo mejor es trabajar a un lado o alrededor de ellos, concentrándose más en otras áreas de su carrera hasta que se pase ese ciclo. Esto puede significar llevar el barco a las aguas de la mediocridad, pero eso es más aconsejable que hundirlo. Si mi amiga joyera hubiera insistido en seguir la ruta de la venta en poco tiempo tendría que haber abandonado el negocio. En cambio, se convirtió en fabricante además de diseñadora y su nuevo enfoque, junto con un ciclo favorable de Júpiter llegando justo a tiempo, la salvaron de naufragar.

El efecto de Plutón en la profesión sobre un ciclo de Saturno sirve tan sólo para hacer que el ciclo de Saturno sea más opresivo, así en lugar de ponerle a prueba simplemente como individuo, tendrá además un efecto devastador. Por lo tanto, cuando Plutón alcance uno de sus ciclos de Saturno sería bueno evitar por completo el esfuerzo si es que se le ocurre algún modo de hacerlo.

Si mira sus propios ciclos hasta la fecha observe en dónde estaban los planetas más lejanos y determine qué ciclos pudieron suprimir o disturbar. Después imagine un efecto parecido la próxima vez que se los encuentre. Funcionan de modo un poco diferente en cada persona, igual que los demás ciclos, por lo que cuanto más incluya sus propias observaciones y proyecciones además de lo que se dice en este libro, mejor.

También es aconsejable seguir los tránsitos de la astrología tradicional y observar especialmente los momentos en los que los planetas más lejanos hacen una conjunción cercana con los puntos de su carta natal, sobre todo el del Sol, la Luna o el Ascendente. En esos puntos pueden hacer estragos en cualquiera o en todos los ciclos concernientes ya que ocasionarán grandes cambios interiores que naturalmente se reflejarán en su mundo exterior. Como veremos más adelante, el tránsito de Plutón en el Ascendente de Nixon le hizo padecer un infierno inesperado, a pesar de los pronósticos favorables para su carrera. Por otro lado, puede que pasen en relativo silencio si usted evita manejar su carrera dentro de las áreas afectadas. Recuerdo haber tenido un sentimiento de ansiedad cuando Neptuno se acercaba a la posición de mi Luna natal, en la casa sexta. ¿Qué terrible confusión emocional (o inspiración, quizás) me depararía?

Realmente, me pasé el tiempo deambulando en una neblina profesional, pero también sabía que no debía forzarlo. ¿Cuál fue el resultado? No mucho, excepto ¡un obstinado mal olor de pies (Sexta casa regida por Piscis) que nunca había padecido! La astrología depara este tipo de encantadoras sorpresas cuando uno menos se lo espera.

Hemos descrito y analizado los efectos de todos los ciclos básicos de la carrera profesional. Para todos aquellos a los que se les dificulta establecer cómo y cuándo funcionan los ciclos en su caso particular el siguiente capítulo describe cómo pueden ponerlo todo de un modo gráfico, como en las matemáticas o en la ciencia. Entonces podrá poner el dedo en el punto álgido de cada ciclo y saber cómo le afectará.

Si las matemáticas o las ciencias eran las materias que peor se le daban (como a mí) no tiene siquiera que preocuparse por elaborar los gráficos. Los más importantes, los de Júpiter y Saturno vienen elaborados al final del próximo capítulo. De todos modos, tiene que saber cómo interpretar los gráficos, así que léalo detenidamente.

Capítulo 8

El gráfico profesional

ANÁLISIS GENERAL

En este punto, con cinco ciclos planetarios de largo plazo (excluyendo los de plazo más corto como Marte, el Sol y la Luna) las cosas se ponen bastante confusas. Para poder decir si un año va a ser bueno o malo en cualquier tema de su vida debe recorrer las efemérides y tratar de mantener todo en la cabeza al mismo tiempo.

Ahora es el momento de simplificar y esquematizar todo lo que hemos dicho de una forma sencilla, concreta que se pueda analizar fácilmente. Esto se puede lograr elaborando un gráfico de los ciclos de Saturno y de Júpiter y después añadiendo los planetas más lejanos.

Suponga que usted quiere ver el diseño general relacionado con el flujo y la disponibilidad de dinero. Eso se referiría al segundo ciclo tanto de Júpiter como de Saturno (y de todos los demás). Utilizaremos como ejemplo el de un músico que mencioné al principio del capítulo 4 para ver cómo se hace. Tenía el Ascendente sobre la última mitad de Géminis, así que queríamos descubrir cuando estarían Júpiter y Saturno en el siguiente signo, alineados en su segunda casa, en Cáncer. Consultando las efemérides vimos que Júpiter le afectaría ahí en los años de 1954, 1966, 1978, y así sucesivamente. Esos eran los puntos altos de los ciclos de Júpiter.

96

Para obtener el punto más bajo de los ciclos de Júpiter llevamos la posiciones de Júpiter a siete signos de distancia de Cáncer, en la segunda mitad de Capricornio. Estas se encontraban en 1961, finales de 1972 y de ahí en adelante. Conectamos las posiciones y obtuvimos el gráfico de las posiciones superiores e inferiores del ciclo de Júpiter en toda su vida (suponiendo que no iba a vivir más de ochenta y cuatro años). Luego hicimos lo mismo con las posiciones de Saturno, dándonos cuenta de que Saturno estaba en la segunda mitad de Cáncer en 1945 (al nacer), a finales de 1974, etcétera. Después vimos cuándo pasaba Saturno por la segunda mitad de Capricornio para detectar los puntos bajos del ciclo y los marcamos en los años consecutivos.

ELABORACIÓN DEL GRÁFICO
SOBRE LOS CICLOS PROFESIONALES

Suponga, por ejemplo, que hubiera nacido en 1945 y tuviera el Ascendente en el principio de Aries y quisiera elaborar el gráfico del ciclo primero. Tendría que observar cada vez que Júpiter entrara en Aries y marcarlo en la parte de arriba del gráfico. Después miraría cada vez que Júpiter cayera en el signo opuesto, Libra, y lo marcaría en la parte de abajo del gráfico. Después uniría los puntos de arriba abajo en orden cronológico para obtener finalmente el ciclo de Júpiter (línea punteada).

Haga lo mismo con Saturno, marcando cuando entre en Aries (arriba) y en Libra (abajo) y después una los puntos por orden cronológico (línea sólida). Entonces habrá completado el gráfico del ciclo primero. Resulta todavía más claro si se utilizan plumas de diferente color, por ejemplo, rojo para Júpiter y azul para Saturno.

Aquí se puede observar un periodo de dificultad que comienza alrededor de la edad de 19 años en la que se cruzan las líneas de Saturno y de Júpiter llegando a la culminación a la edad de 22 cuando Saturno está en Aries. De los 27 a los 40 parece un periodo bastante bueno sin nada que señalar salvo las fechas pico de Júpiter (en Aries) a los 30 y 42, y el punto más bajo de Saturno (en Libra). Después existe otro periodo difícil que culmina a la edad de 51 (Saturno en Aries), que da paso a un periodo excelente centrado en la fecha pico de Júpiter (en Aries) a la edad de 66, el

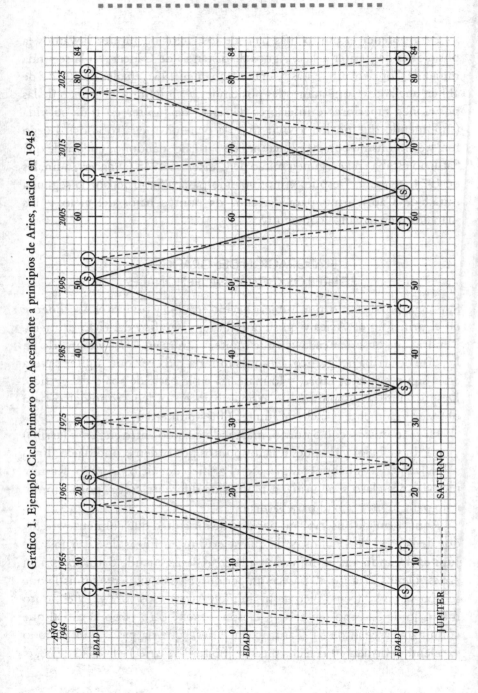

Gráfico 1. Ejemplo: Ciclo primero con Ascendente a principios de Aries, nacido en 1945

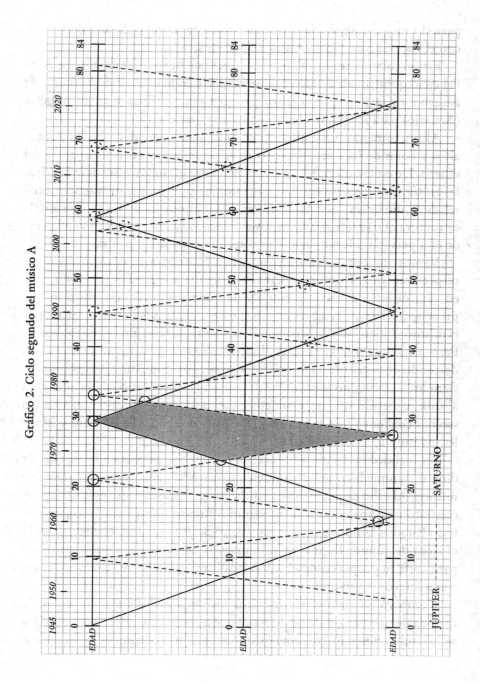

Gráfico 2. Ciclo segundo del músico A

JÚPITER - - - - - - - -   SATURNO ————————

99

periodo mejor después de la misma coincidencia del pico alto de Júpiter con el bajo de Saturno a los seis o siete años.

Este es solamente el gráfico del ciclo primero. Si quisiera hacer el gráfico del ciclo quinto, por ejemplo, debería fijarse en la entrada de Júpiter y de Saturno en la casa quinta (Leo) para los puntos altos y en su opuesta (Acuario) para los puntos bajos, como se ve en el Gráfico 1.

Ahora tomemos un gráfico como el siguiente, que describe los puntos altos y bajos de Júpiter y Saturno en relación con el ciclo segundo, o del dinero. De esta manera, no sólo se pueden ver los movimientos individuales en términos generales, sino que también podemos observar su mutua relación dinámica, que también es muy importante. Juntos, crean la estructura que se refiere a la disposición de fondos de año en año en la vida de esta persona. He aquí cómo se interpreta esta descripción.

Vemos un punto bajo de Júpiter y Saturno a la edad de 15 y 16 respectivamente. Esto no es demasiado significativo, ya que todavía vivía en casa de sus padres y la entrada de dinero no era algo sobre lo que preocuparse. Para descubrir su situación económica deberíamos examinar el mismo gráfico pero de la persona que mantenía la economía de ese hogàr. Pero a medida que el ciclo de Júpiter asciende y se cruza con el ciclo descendente de Saturno (circulado), esta persona tomó una decisión financiera importante, decidió convertirse en músico profesional. Se dedicaba al folk, un estilo que no prometía mucho en aquel tiempo, pero en los sesenta cualquier cosa era posible. Después de todo a Peter, Paul y Mary les iba muy bien en esa época.

En realidad la decisión fue acertada en lo que respecta a la entrada de dinero, aunque hizo que abandonara los estudios para seguir la carrera de músico. Al cabo de pocos años se dedicaba a la música pop, tenía un jugoso contrato con una compañía discográfica importante y viajó a lo largo de todo Estados Unidos con un grupo de rock. A la edad de 21 años, cuando el ciclo de Júpiter llegó a su culminación, tenía suficiente dinero como para abrir su propia compañía discográfica y sus ideas innovadoras atrajeron a nuevos inversores.

Como ya mencioné, no tuvo una visión global del asunto, así que a medida de que fueron llegando nuevos y nuevos inversores, su compañía se fue subdividiendo en pequeños pedacitos que redujeron significativamente sus acciones y su función dentro de la compañía. Cuando casi cumplía los 24 años, y los ciclos de Júpiter y Saturno se cruzaron de nuevo se dio cuenta de que había perdido el control y al cabo de un año estaba en la calle sin un céntimo. El ciclo de Saturno (en ascenso) y el de Júpiter (descendiendo) habían tornado su influencia y le depararían tiempos difíciles.

Trató de mantenerse en su campo, utilizando su talento como autor (hablaremos más de ello después). Pero esto tampoco funcionó a final de cuentas y decidió aceptar un trabajo como ayudante de editor en una revista nacional. Dentro de esta carrera completamente nueva para él, tuvo que empezar desde abajo y sus ganas de escribir culminaron finalmente en la publicación de varios libros (cuando Júpiter iba hacia arriba otra vez y se cruzó con Saturno hacia abajo). Por fin obtuvo una relativa estabilidad financiera al llegar Júpiter a su punto más alto.

De modo ideal, el punto culminante de Júpiter y el inferior de Saturno de finales de los ochenta debían haberle favorecido para obtener el máximo de flujo monetario. Así fue, pero no durante mucho tiempo. El dinero que invirtió cuando las líneas de Júpiter (ascendiendo) y Saturno (descendiendo) se cruzaron se fue como agua en diferentes proyectos a principios de los noventa, por lo que a mediados de esa misma década, cuando se volvieron a cruzar las líneas de Júpiter y Saturno en el sentido contrario, se vino el desastre, con reveses financieros y un inesperado divorcio.

Así pues, los ciclos de Júpiter y de Saturno definieron claramente la situación de toda su carrera. El pico de Júpiter representó una riqueza considerable (a los 21 y los 45); y el de Saturno, absoluta pobreza (a los 29). Y los puntos críticos de cambio estuvieron marcados en donde las líneas de los dos ciclos se cruzan (a los 15, 32, 41 y 49 años).

Si él hubiera tenido acceso a este gráfico en los años sesenta, cuando estaban teniendo lugar los sucesos críticos podría haber tenido más cuidado en sus movimientos y tal vez no habría llegado a tales extremos. Ciertamente no podría haber hecho nada para evitar el periodo dominado por Saturno, a menos que hubiera mandado una expedición a volar el planeta, pero quizás podría haber suavizado su efecto poniendo más atención en la procedencia del dinero que manejaba.

De modo similar, podría haber sido más conservador con sus inversiones a finales de los ochenta para que las dificultades que comenzarían a los

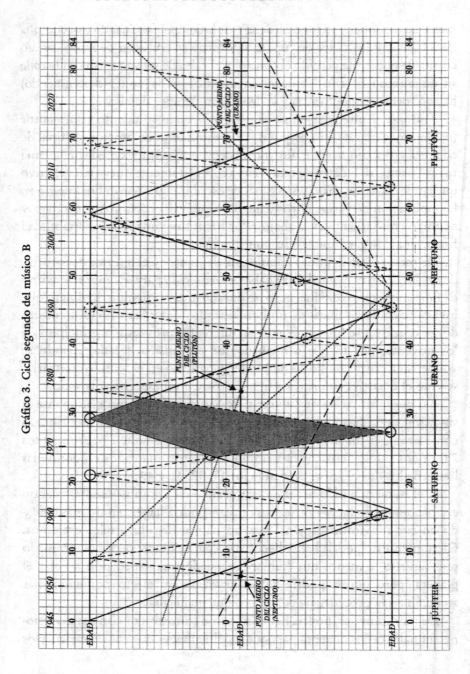

Gráfico 3. Ciclo segundo del músico B

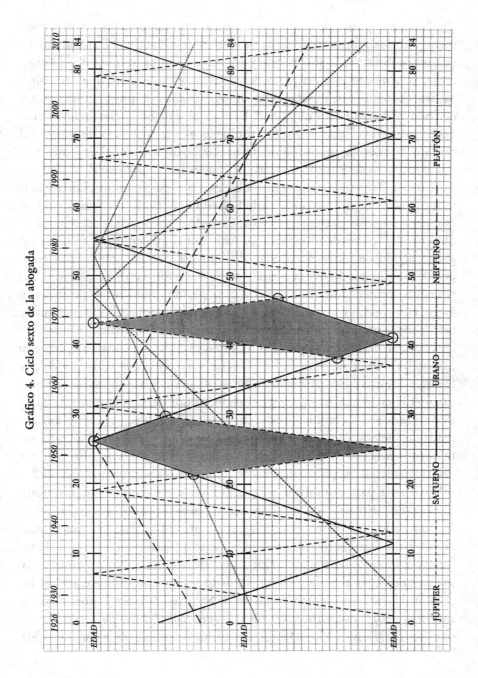

Gráfico 4. Ciclo sexto de la abogada

49 años, en el punto de cruce, no hubieran sido tan pesadas. Lamentablemente, no fue así por razones de causa mayor. Cuando el flujo de dinero está en su punto más alto es difícil frenarse de gastarlo hasta que es muy tarde. Realmente esta crisis no debía durar ya que tanto Júpiter como Saturno ascendieron rápidamente un par de años después, indicando un periodo de regreso a la estabilidad. Es más, observando el resto del gráfico debería quedar claro que no era probable que le sucediera de nuevo tal cambio drástico de ingreso monetario como sucedió en el lapso marcado por el pico alto de Saturno y el bajo de Júpiter (área sombreada).

Tal vez. Pero todavía debemos observar qué pasa con los planetas más lejanos para ver si podrían aguarle la fiesta al periodo de abundancia de esta persona, a los cuarenta y tantos. Cuando estos planetas se incluyen se obtiene algo parecido al Gráfico 3. Ahí vemos que en lugar de tener un punto álgido de modo sorpresivo durante ese periodo, estuvieron en el punto inferior por lo que el periodo de Júpiter pudo dar de sí a plenitud. Sin embargo, existen puntos relativos a cada persona que entran también en juego, como el tránsito de Plutón por la Luna de nacimiento a los noventa y tantos años; aunque también es verdad que podría pasar cualquier cosa.

Hay que darse cuenta de que en ciertos casos no sucede ni un pico alto ni uno bajo de cualquiera de los planetas más lejanos en toda la vida por lo largo de estos ciclos planetarios. En ese caso, podría emplazarse el punto medio del ciclo cuatro signos por delante o por detrás del signo del ciclo a consideración en la línea media del gráfico para dibujar la línea aproximada del ciclo a través de él (como pasa con Plutón en este caso, que está marcado en la mitad de Libra, como punto medio del ciclo). En tal caso, podría prescindirse por completo de su interpretación ya que en realidad solo serviría para complicar más el gráfico y no tendría ningún efecto importante. En aras de la simplicidad, debe considerarse lo anterior respecto a los tres planetas más lejanos marcando solamente sus puntos altos y bajos cuando interfieran con Saturno o Júpiter dentro de una barra horizontal corta, de cuatro o cinco años de duración. No obstante, a mi me gusta dibujar el gráfico completo de todos modos porque creo que los puntos de encuentro entre los ciclos de Saturno, Júpiter y estos planetas externos podría intensificar ciertas áreas cruciales (como pasó con Plutón en el caso del músico a los 24 años, en que fue despedido de la corporación).

Tomemos otro ejemplo en el que los planetas más lejanos hacen que las cosas empeoren en un ya de por sí mal momento. En este caso se trata de una mujer de la que hablé en el capítulo anterior que se vio relegada al puesto de esclava a pesar de ser licenciada en derecho. He aquí el Gráfico 4 de su combinado ciclo sexto que tiene que ver con la capacidad de llevar a término los proyectos laborales con la máxima demostración de su talento y habilidad profesional.

Se puede observar que a los 21 años, cuando decidió ir a la facultad de derecho al año siguiente, las cosas iban en franca decadencia. Sin sospechar que su decisión era crítica en el sentido negativo y estando atravesando el punto en donde se cruzan Júpiter (hacia abajo) y Saturno (hacia arriba) cavó su tumba a través de la carrera de abogado. Fue una decisión bastante compulsiva porque no estaba tan interesada por las leyes sino que lo veía como un camino para demostrar al mundo que podía llevar a cabo cualquier cosa, indicado probablemente por la intersección de la línea de Plutón con la de Júpiter y la de Saturno.

Justo en el pico del ciclo de Saturno también coincidió el pico del ciclo de Neptuno y el de Júpiter en el punto más bajo, combinación que sirvió para atraparla en una situación que no pudo sobrellevar ni tampoco salir airosa de ella, que comenzó a la edad de 26, cuando se graduó en la facultad de derecho y al final de los 29, cuando finalmente renunció a la profesión, otra decisión compulsiva y repentina marcada por la intersección de Plutón.

Sin embargo, por lo menos Júpiter iba de camino hacia arriba, por lo que tuvo cierto alivio y liberación del trabajo penoso por el que había pasado. Pero esto era meramente temporal y Júpiter y Saturno corrían más o menos juntos hasta la edad de 37, cuando Saturno en declinación cruzaba la línea Ascendente de Júpiter y daba comienzo a uno de los periodos más laboriosos y positivos de su vida: se involucró con el movimiento para la defensa de los derechos de la mujer y del consumidor (fue una de los Naders Raiders). De vuelta a la profesión después de todo, volvió a verse abrumada de trabajo pero fue por propio interés y preocupación y obtuvo a cambio mucho respeto y buena reputación. Finalmente, cuando Júpiter y Saturno se cruzaron de nuevo, con Urano en el punto álgido al mismo tiempo, heredó una gran suma de dinero de su padre y pudo abrir su propia firma a la edad de 47. Desde entonces su carga de

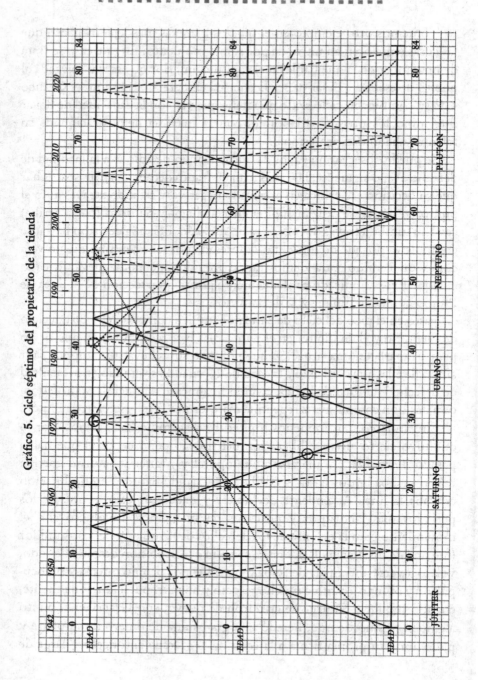

Gráfico 5. Ciclo séptimo del propietario de la tienda

trabajo se mantuvo muy equilibrada, después de un breve periodo de dificultad al establecerse por cuenta propia, ya que después de los 49, Júpiter y Saturno comenzaron a correr mucho más parejos, excepto por un pico bastante dramático a los noventa y pocos.

¿Qué podría haber hecho para corregir su carrera si hubiera tenido a la mano este gráfico desde el principio? Podría haber elegido una mejor forma de lanzarse al mundo de la abogacía o podría haber elegido una profesión con menos carga de trabajo y discriminación y haber evitado todo el conflicto de raíz. Si hubiera hecho esto último no habría terminado siendo una gran abogada, aunque tal vez habría tenido el mismo éxito en cualquier otro campo. En todo caso, hubiera estado mejor informada acerca de a lo que se estaba enfrentando y podría haber tomado decisiones más reflexivas en un sentido u otro.

Veamos otro caso en el que un planeta exterior interfirió en la relación de Júpiter-Saturno, en este caso arruinando lo que hubiera sido un ciclo séptimo sumamente positivo. Tenemos el Gráfico 5 del ciclo séptimo del propietario de la tienda que mencioné en el capítulo anterior. El pico de Júpiter a la edad de 29 años, junto con su concomitante punto bajo de Saturno podría haberle traído un montón de buenos socios con los que habría funcionado bastante bien. Desafortunadamente, Neptuno también estaba en el punto culminante de su ciclo y los socios que se unieron en torno a él resultaron muy decepcionantes, hasta el punto de que lograron sacarlo de su propio negocio. En este caso los costados del periodo a las edades de 24 y 33 (circulados) no describen la longitud de la vida del negocio, sino meramente su inclinación a asociarse con otras personas en general.

Mas aún, es dudoso que hubiera ganado algo con la experiencia, ya que los dos picos altos de Júpiter coinciden con los picos altos de Urano y Plutón, lo que le traería más problemas a raíz de cualquier alianza que hubiera hecho entonces. Por fortuna él simplemente pasó su portafolio a un profesional, en lugar de intentar asociarse de nuevo. Hubiera sido más beneficioso para él haber evitado cualquier tipo de asociación y haber permanecido solo siempre. De hecho este gráfico le advierte que se arriesga a salir perjudicado por las personas que cree son sus aliados y le advierte para que no tenga experiencias amargas en su relaciones personales en el futuro.

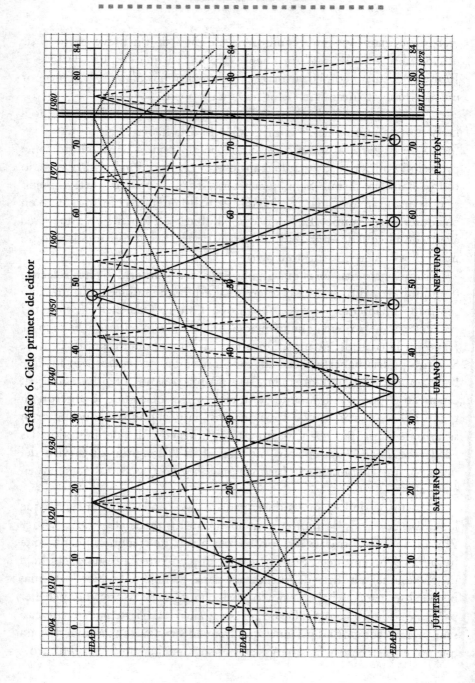

Gráfico 6. Ciclo primero del editor

108

El estilo personal puede influir en la forma de interpretar un gráfico. Algunas personas se deprimen durante los puntos bajos de Júpiter, por ejemplo, mientras que otras los ven como un reto a superar del que sacar el máximo provecho. Una de esas personas fue el editor Bob Harrison, cuya carrera le condujo a entrar y salir de la atención del público durante cuarenta años.

Harrison creó el formato original de las revistas eróticas en los años cuarenta, y más adelante inició un sonado escándalo con la revista *Confidential*, que probablemente arruinó más carreras que cualquier otra publicación de la historia, y que fue la más vendida del mundo. Pero todo eso, igual que sus últimos esfuerzos, eran algo más que una fuente de riqueza para él, eran instrumentos para desarrollar su personalidad y para mantenerlo a la vista del público, cuya adulación y reconocimiento eran el motivo de su existencia. Era un hombre encantador y sociable y su afición favorita era codearse con la gente que estaba de moda en ese momento y sentirse admirado y envidiado (a veces incluso odiado) por el mundo en general.

Por lo tanto, cuando nos fijamos en el gráfico del ciclo primero (Gráfico 6), que describe los ciclos de su personalidad, encontramos que cada vez que Júpiter estaba en su momento bajo y el mundo empezaba a ignorarlo, comenzaba un nuevo proyecto para hacer que la gente se volviera a fijar en él. El primero de sus proyectos que tuvo éxito realmente, en la década de 1940, fue la revista erótica, con títulos como *Beauty Parade*, *Wink* y *Eyeful*. Fueron las primeras revistas que combinaban fotos de chicas con artículos editoriales, mismo formato que se utiliza en la revista *Playboy*, *Penthouse* y *Hustler*. Harrison les añadía algunos fetiches, como medias de red negras, látigos, cadenas y demás complementos excéntricos con lo que se ganó la fama de sinvergüenza atrevido dentro del gremio editorial.

A finales de los cuarenta, estas revistas, que empezaron a publicarse cuando el ciclo primero de Júpiter estaba en el punto más bajo, tuvieron bastante éxito, pero a principios de los cincuenta se volvieron un producto más dentro de la oferta de revistas y ya no se volvió a hablar de Harrison. Así pues, durante ese periodo de eclipse personal, en el ciclo primero de Saturno en lo más alto y el primero de Júpiter en lo más bajo, comenzó el más importante de sus proyectos, la revista *Confidential*.

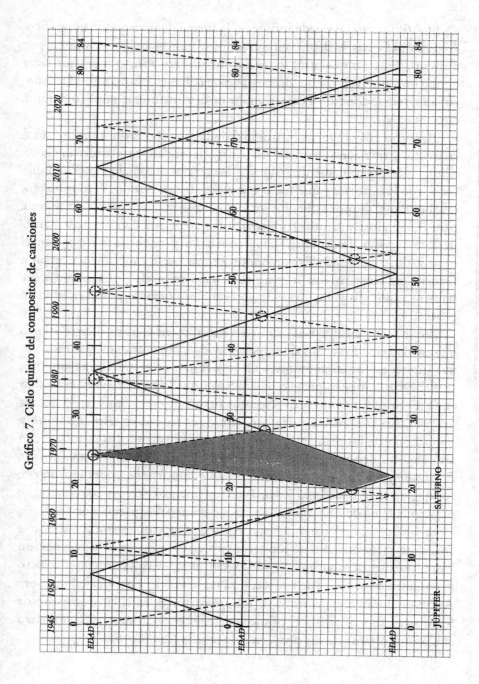

Gráfico 7. Ciclo quinto del compositor de canciones

Al cabo de unos cuantos años de duro trabajo, *Confidential* le hizo multimillonario y pudo pasarse las noches y los fines de semana alternando con los personajes más refinados de Hollywood y la alta sociedad de todo el mundo. Sin embargo, a esas alturas de éxito financiero, tuvo que vender la revista para no enfrentar un litigio criminal que tuvo lugar en California, donde un fiscal general estaba determinado a encerrarlo por publicar historias escandalosas, bien documentadas, que eran la especialidad de la revista. En esencia, fue borrado del camino.

Eclipsado ante el público, pero todavía siendo bastante rico, utilizó su siguiente punto bajo de Júpiter para comenzar otro nuevo proyecto, un periódico sensacionalista semanal llamado *Inside News*, que salió en 1963. A mediados de los años sesenta ya estaba otra vez en el foco del público y el escritor Tom Wolfe le dedicó un capítulo de 40 páginas en uno de sus best-sellers.

Pero al cabo de poco tiempo su fórmula a base de sangre y sexo pasó de moda y solamente las más vendidas de ellas, como *The National Enquirer*, prosperaron, haciendo desaparecer lentamente a otras como *Inside News*. Eclipsado de nuevo, con más de setenta años de edad, Harrison se negó a darse por vencido y retirarse con su fortuna, como habría hecho la mayoría de las personas. En cambio él, con Júpiter en el punto más bajo, comenzó otra empresa editorial que lo volvió a lanzar a la cabeza de la industria.

Con un ciclo de Júpiter en ascenso rápido tenía muchas posibilidades de lograr el éxito otra vez, pero en aquel momento intervino otro ciclo que lo impidió. El ciclo primero de Plutón llegó a la cima a principios de 1978 y Harrison murió de trombosis masiva, con Plutón colocado en el grado exacto de su Ascendente. Fue el eclipse final. Si hubiera sido un hombre más joven habría pasado por el ciclo más difícil tratando de lograr un éxito incluso mayor, pero debido a su edad y a una condición general débil, su salud no resistió.

La historia de Harrison ilustra que la importancia de los gráficos de los ciclos en relación con una carrera depende en gran medida del estilo y las ambiciones de un individuo determinado. Otro factor importante es la naturaleza de la carrera. La posibilidad de ganar dinero o de administrarlo (por ejemplo, banca o contaduría), tiene mucha relación con los ciclos

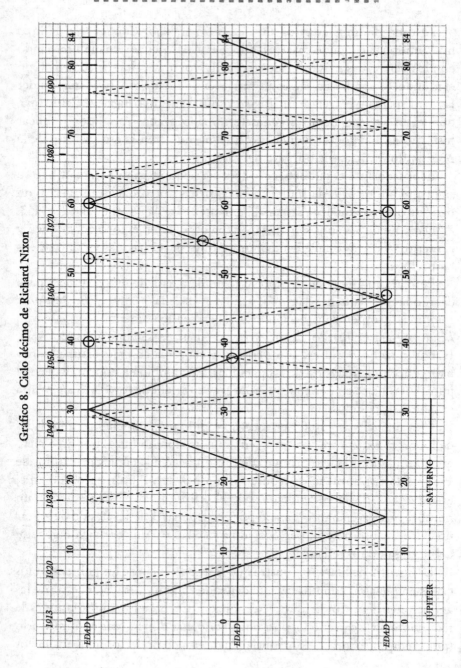

Gráfico 8. Ciclo décimo de Richard Nixon

segundo u octavo que serán de mucha importancia, y quizás además el ciclo sexto. Si, en cambio, su carrera depende de la espontaneidad y la creatividad, el ciclo quinto será el más importante. Podríamos describirlo usando de nuevo el ejemplo de mi desacertado amigo músico. En su ciclo quinto (Gráfico 7), se vislumbra claramente, en cuanto a tiempo, el potencial creativo, comenzando con sus primeros esfuerzos por escribir canciones a la edad de 20, cuando Júpiter en ascenso se cruzó con Saturno en descenso. El pico aconteció en 1969, cuando se vio forzado a salir de la compañía que él fundó y tuvo que depender de la composición de canciones para poder sobrevivir. Durante ese periodo escribió unas 150 canciones, sobre todo en el año del pico y el siguiente.

A la edad de 28, sin embargo, ya no se ocurrieron más canciones, las musas lo habían abandonado. Escribió su última canción ese año y ya no volvió a escribir. Como consecuencia, su fuente de ingresos se secó y se vio obligado una vez más a buscar otra forma de ganarse la vida. Y así fue, ya que su siguiente periodo creativo no vendría hasta la década de 1990, cuando de nuevo se encontró con las musas y volvieron las canciones y la poesía a su vida.

¿Le habría aclarado las ideas el gráfico de su ciclo? No habría prolongado su periodo de productividad como autor de canciones, pero le hubiera dado la oportunidad de prepararse en otra carrera y le habría hecho más fácil la transición. A la vez siguiente que iba a tener este tipo de circunstancias, pudo ver el gráfico y le sirvió.

Aparte del tema relacionado con la carrera, el ciclo quinto, como ya mencionamos, se asocia en otras ocasiones con el grado y la variedad de actividad sexual. Los mismos años de la vida de este individuo (entre los 20 y los 28) fueron un periodo de máxima actividad en ese campo, durante los cuales tuvo los requisitos de cualquier figura de la música pop, incluyendo la variedad sexual. Al final de ese periodo se casó y llevó una vida sexual monógama. El pico de Júpiter a principios de los ochenta fue ampliamente anulado por el pico de Saturno, justo a la vez, pero el pico de Júpiter a principios de los noventa no sólo le devolvió la inspiración artística, sino que también le trajo un apasionado romance que, como era lógico, favoreció el desenlace en el ya mencionado divorcio.

Los ciclos profesionales se aplican a lo grande y a lo pequeño, sea en

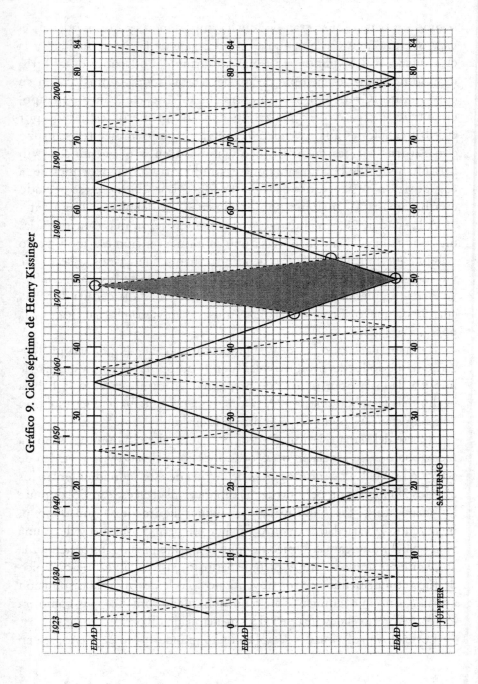

Gráfico 9. Ciclo séptimo de Henry Kissinger

éxitos o en fracasos, y no hay mejor ejemplo que el de las tres figuras importantes relacionadas con el escándalo del Watergate, que robusteció la carrera de muchos que pasaron de ser perfectos desconocidos a estrellas en ascenso; y que arruinó la carrera de otros que eran los más poderosos.

A largo plazo, la reputación es uno de los pilares de la política, por lo que el ciclo décimo sería el más importante a la hora de saber las rachas de alzas y bajas. Exploraremos el ciclo décimo de Richard Nixon, (Gráfico 8). Como no tenía ningún ciclo de los planetas más lejanos que interfiriera con este décimo ciclo, los eliminé del gráfico como hice con el ciclo quinto anterior.

El resultado fue una perfecta descripción de la carrera de Nixon. Comenzó su carrera política a finales de los cuarenta, pero su primer lanzamiento a la fama nacional fue el caso de Alger Hiss en 1950, lo que le valió para obtener una silla en el Senado. En ese año Júpiter (en ascenso) cruzó con Saturno (en descenso). En el pico de Júpiter, en 1953, fue elegido como vicepresidente de Estados Unidos.

Su pérdida de terreno frente a John F. Kennedy fue marcada por el punto bajo de Júpiter y alto de Saturno. A mediados de los sesenta Saturno y Júpiter se estaban moviendo a la par, manteniendo el estatus quo, y para acentuarlo aún más, Plutón estaba pasando directamente sobre el Ascendente de Nixon, en Virgo, poniéndolo bajo un eclipse total. Literalmente no se supo nada de Nixon.

Pero irrumpió de nuevo, una vez terminado el pesado ciclo de Plutón y cuando Júpiter acababa de pasar por un punto alto que le hizo ser elegido como presidente, pero en un momento desfavorable, ya que Saturno (hacia arriba) se encontraba con Júpiter (hacia abajo) en 1968. Por tanto, haber salido como presidente el año 1968 demostraría ser el comienzo de un periodo muy negativo en su carrera. Es más, ser presidente y tratar duramente de mantenerse fue el motivo de su caída.

El lapso que pasó hasta que Júpiter llegó al fondo y Saturno alcanzó el pico fue el periodo crítico: el Watergate. En un plazo de un año después de que Saturno llegó a la cima fue despedido de su puesto y enviado al exilio en California. El periodo llegó a su fin en 1976, con el siguiente cambio de Saturno y Júpiter, año en que hubiera acabado su mandato de no haber sido por el Watergate. Así pues, queda claro que a pesar de las apariencias, haber salido elegido como presidente en un punto que abría paso a un periodo negativo fue lo peor que le pudo pasar y fue su ruina.

Esto puede sonar algo fatalista, dándonos la impresión de que un gigante de la política fue echado por tierra gracias a los movimientos planetarios. Realmente no es así. Simplemente Nixon empezó como presidente con muchas cosas en su contra, y al haber estado bajo la influencia de un ciclo negativo, debió haber puesto muchísimo cuidado de protegerse de los elementos que pudieran afectar a su reputación. En cambio, fue descuidado y alocado justamente en ese tema, lo que marcó su fin. Otros presidentes anteriores a él fueron igualmente descuidados, pero no tuvieron las influencias planetarias en su contra, como en su caso.

Entonces, en un ciclo negativo con el punto superior entre 1972 y 1973, ¿cómo logró salir elegido como presidente?, ¿por qué su reputación no fue lo suficientemente mala como para haberle hecho fracasar desde el principio? La respuesta reside en el análisis de otras dos figuras críticas a la hora de la elección: Henry Kissinger y George McGovern.

Kissinger fue contratado por Nixon primeramente como negociador, así que su ciclo séptimo centrado en el trato con los demás indicó su éxito en esas empresas. Aquí (Gráfico 9) vemos la asociación con la administración de Nixon claramente definida. Se unieron a principios de 1968, cuando Júpiter (hacia arriba) se cruzó con Saturno (hacia abajo) y el pico de Júpiter y el fondo de Saturno coincidían exactamente con su afortunada negociación para finalizar el apoyo de Estados Unidos a la guerra de Vietnam. Las pláticas de paz y la casi certeza de que podrían resolverlas con éxito solamente si permanecía el mismo equipo en el gobierno, fueron el motivo principal de la elección. De otro modo, el resultado de los votos hubiera sido incierto. Añádase a esto los efectos del Watergate y los sucios trucos de la campaña electoral y el voto quedó asegurado, aunque en esencia, eligieron a Kissinger, no a Nixon.

El otro factor que selló el destino de los demócratas y llevó a Nixon a la presidencia, a pesar de sí mismo y del ciclo negativo por el que estaba atravesando, fue George McGovern. Igual que Kissinger, su Ascendente estaba en Géminis, pero no estaba involucrado en la negociación sino que su labor era la de retar y confrontar al presidente en turno. No se estaba dedicando a su reputación ni a su historial, sino más bien a lo que él personalmente propuso para cambiar la situación. Por lo tanto, lo que se debe analizar es el ciclo primero, a fin de determinar lo fuerte que podría estar justo en el momento en que se llevó a cabo la confrontación.

El Gráfico 10 describe la historia con tan sólo echarle un vistazo. Durante la elección de 1972, McGorvern estaba en el punto bajo de todos los ciclos relativos a ese tema, con Júpiter en el punto más bajo y Saturno en el más alto. Era un periodo de particular tensión y no era el momento apropiado para ponerse a competir en grandes confrontaciones a nivel nacional. Queda claro que los demócratas eligieron al hombre equivocado, ya que cualquier otro podría haber sido un candidato más fuerte, aunque no necesariamente un mejor presidente, una vez elegido.

Cuando se utiliza la técnica del análisis de los ciclos se ve más claramente lo que en un principio resulta confuso en cuanto al turbulento periodo del Watergate. Al mismo tiempo se ilustra un principio de mucha más relevancia para la mayoría de las personas. Este capítulo demuestra la importancia de estar consciente no sólo de la situación del ciclo de uno en un momento dado, sino también de las demás personas. Si los demócratas hubieran tenido en cuenta esto, podrían haber elegido a otra persona como candidato, alguien que no estuviera tan afligido por las dificultades del ciclo como McGovern. Asimismo, se pueden aplicar idénticos principios en los asuntos laborales del vivir diario, sobre todo a la hora de decidir a quién escoger para cada propósito. Una persona que atraviese un ciclo primero de Júpiter en el pico y bajo de Saturno sería la elección idónea para un dinámico representante de ventas, mientras que alguien que tenga un ciclo segundo de Júpiter fortalecido por su punto alto sería el mejor candidato para inversionista ya que tendría más posibilidades de que el dinero le llegue a las manos y la disponibilidad para ponerlo a funcionar. En cambio, contratar a un director de arte con el pico del ciclo quinto de Saturno tendría resultados poco creativos y deslucidos.

Esto no quiere decir que la gente que atraviesa ciclos difíciles en su carrera deben ser dados de lado hasta que pasen los efectos. Por el contrario, se deben tomar en consideración estos aspectos para no elegir a la gente equivocada para determinado trabajo, o sobrecargarlos con más trabajo del que pueden manejar o encargarles un tipo de trabajo que no va con su capacidad. El mismo caso se aplica para usted mismo. Intente evitar las zonas de tensión porque serán más difíciles de manejar y obtendrá menos beneficios con el mismo o más empeño. Trate de elegir las empresas favorecidas por los ciclos en alza y para las que tendrá un poco más de empuje. Aguarde hasta que se pasen los ciclos de dificultades antes de dejar todo el peso de su carrera en determinadas áreas. También puede aprender durante los periodos negativos, pero evitando que sus ingresos económicos dependan de un aspecto que esté bajo una mala influencia planetaria. Así pues, si comprende los patrones de interacción planetaria de cada uno de los doce ciclos sabrá cuándo y dónde ocurrirán los puntos fuertes y débiles. Este conocimiento le dará un decidida ventaja porque sabrá por adelantado cuáles serán las tendencias y podrá ajustarse y enfocar su atención de acuerdo con ellas, con resultados más certeros y rápidos. En el Apéndice 2 se proporcionan gráficos profesionales en blanco.

Para estar seguro de que elaboró correctamente los gráficos de los ciclos revise en dónde cayeron en el pasado y vea cómo le afectaron. Si cuando analice los ciclos próximos a los eventos pertinentes se da cuenta de que un ciclo está desfasado en más o menos un año (lo que puede suceder por razones ya mencionadas) puede corregirlo para que la periodicidad del ciclo sea consistente. No obstante, sería correcto hacer esta corrección de manera tentativa, revisando varias veces los sucesos que tuvieron lugar hasta que esté seguro de que sus anticipaciones futuras sean las correctas y no le tomen por sorpresa antes o tenga que esperar un año más para algo que usted está esperando que suceda.

La mejor manera de tener un análisis certero de sus ciclos es dibujarlos uno mismo; pero si usted ya ha intentado dibujar uno se habrá percatado de que dibujar los doce no le llevará mucho tiempo. Si está dispuesto a sacrificar cierto grado de exactitud, puede leer los doce ciclos de Júpiter y de Saturno en los doce gráficos que se presentan en este libro (Gráficos 11-22). Están elaborados sobre el medio de cada signo, así que solamente tiene que hacer coincidir cada signo con el número de ciclo y de ahí en adelante. Si su Ascendente cae en el centro de un signo, serán exactos para usted tal como están. Si su Ascendente está al principio del signo tendrán un desfase de casi un año después, y si su Ascendente cae al final del signo tendrán un desfase igual pero antes. Para obtener una descripción más completa puede fotocopiarlos y dibujar las líneas de los planetas más lejanos, que es una tarea mucho más rápida y fácil que elaborar todo.

He aquí otra herramienta de utilidad. Notará que los gráficos siguientes tienen unas líneas horizontales que los atraviesan con la leyenda de 1/2, 1/3 y 1/6. Marcan las divisiones armónicas o de los aspectos de los ciclos planetarios y le darán la clave acerca de la naturaleza de los acontecimientos venideros. Si el cruce de Júpiter y Saturno ocurre cerca o de lleno en una línea de 1/3 o de 1/6, la transición de una tendencia a la siguiente será relativamente suave y vendrá marcada por los eventos exteriores que actúan sobre usted en lugar de ser logros alcanzados por su propia voluntad. Pondremos el ejemplo del cruce del ciclo décimo de Nixon en 1968, que tuvo lugar sobre la línea 1/3, por lo que obtuvo el poder debido a los errores de otras personas. En el mismo gráfico, sin embargo, el cruce de 1950 se encontraba en la línea 1/2, lo que significa que se hizo la transición a través de esfuerzo y lucha y que, aunque fuera benéfica, no daba la impresión de ser algo agradable. Por lo general, la regla que hay que seguir es la siguiente: las líneas 1/3 y 1/6 significan una transición suave debida a fuerzas externas (trino o sextil de ambos planetas al comienzo del ciclo) y la línea 1/2 indica luchas y pruebas en las que el individuo tendrá que ocasionar el cambio por sí mismo, y muchas veces en contra de la corriente (cuadratura de ambos planetas al comienzo del ciclo). En el ejemplo de Nixon el cruce que coincidió con el caso Alger Hiss estuvo marcado por un gran conflicto (cuadratura) y el del periodo de elecciones de finales de los sesenta fue una nominación para presidente (sextil). Y, para los fanáticos de mediopunto, estos cruces indican cuándo, cualquiera que sea su aspecto, será el tránsito de los planetas por el punto de partida (la cúspide de la casa) de un ciclo determinado.

Tal como prometí, hay más cosas que podrá determinar fácilmente mediante esta técnica de los gráficos. Cuando una línea pasa por las líneas 1/6, 1/3, 1/4, 2/3, 5/6, etc., indica el tránsito del plantea por las diversas casas simbólicas que continúan después del punto de origen del ciclo determinado. Por lo tanto, un simple gráfico es un paquete de información con un alcance que hasta ahora no estaba disponible mediante ninguna de las técnicas astrológicas anteriores; una buena razón para tomarse la molestia de dibujarlos, revisar los doce gráficos generales o invertir en un programa informático que se los dibuje.

Gráfico 10. Ciclo primero de George McGovern

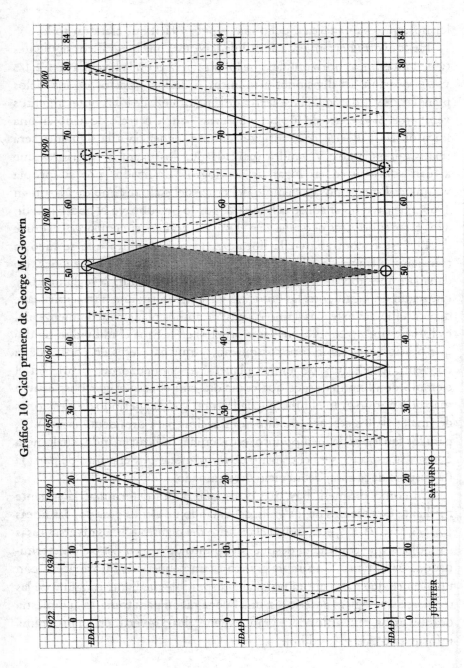

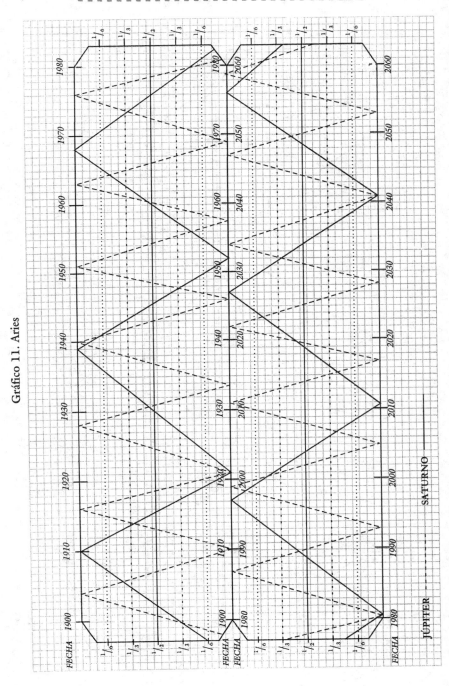

Gráfico 11. Aries

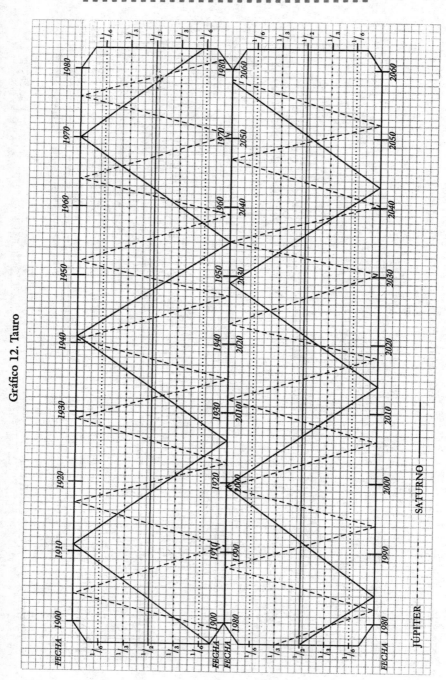

Gráfico 12. Tauro

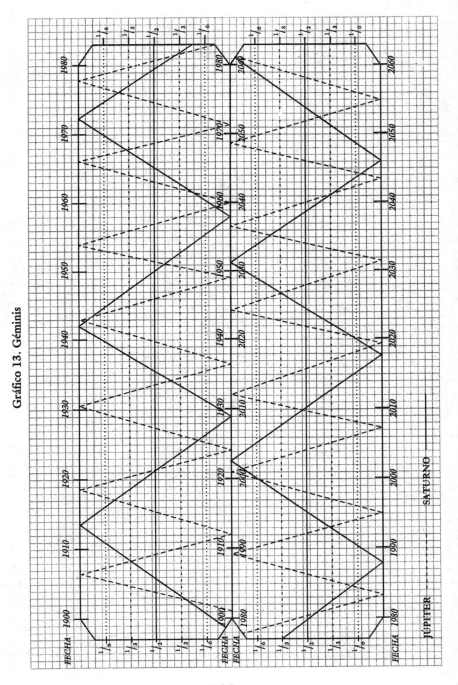

Gráfico 13. Géminis

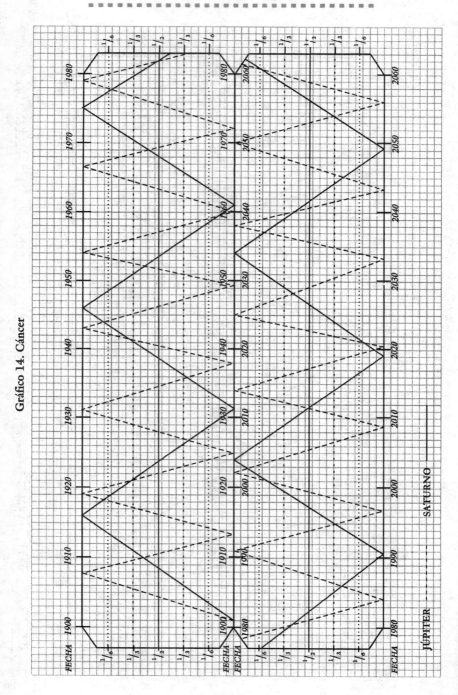

Gráfico 14. Cáncer

JÚPITER - - - - - - - SATURNO ———————

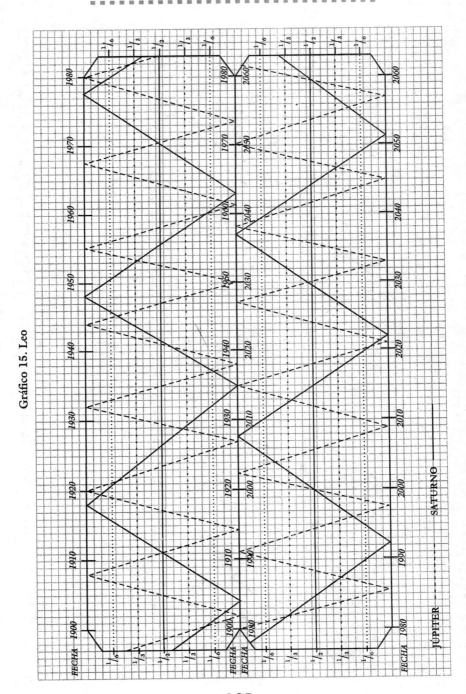

Gráfico 15. Leo

125

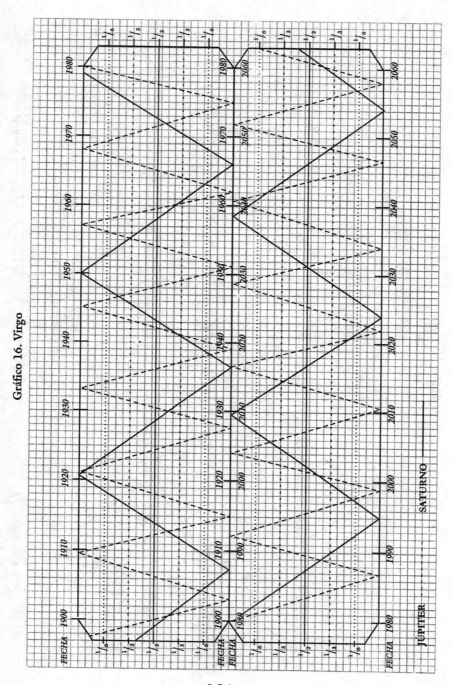

Gráfico 16. Virgo

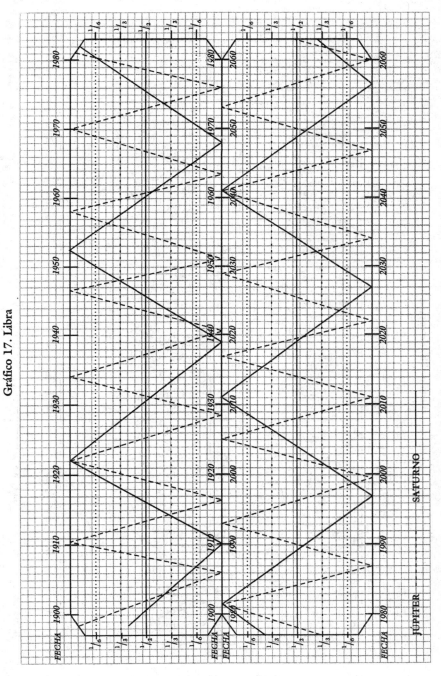

Gráfico 17. Libra

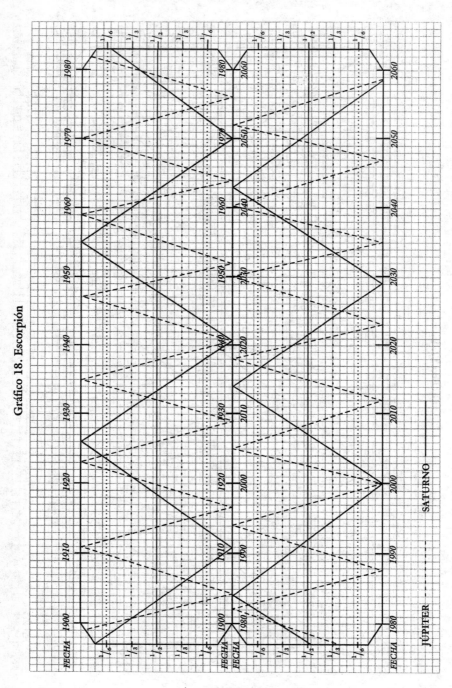

Gráfico 18. Escorpión

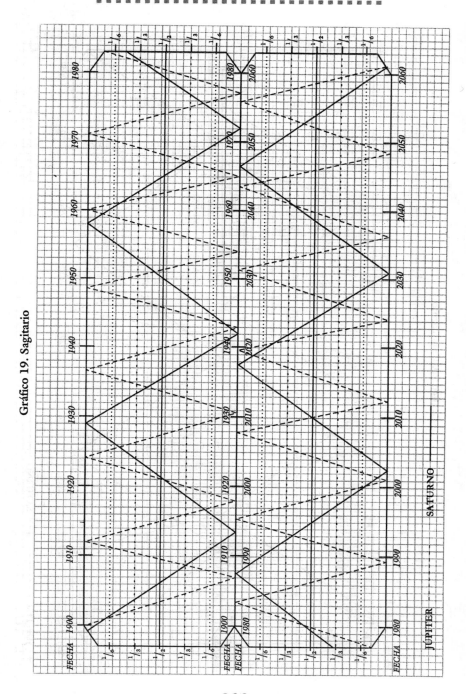

Gráfico 19. Sagitario

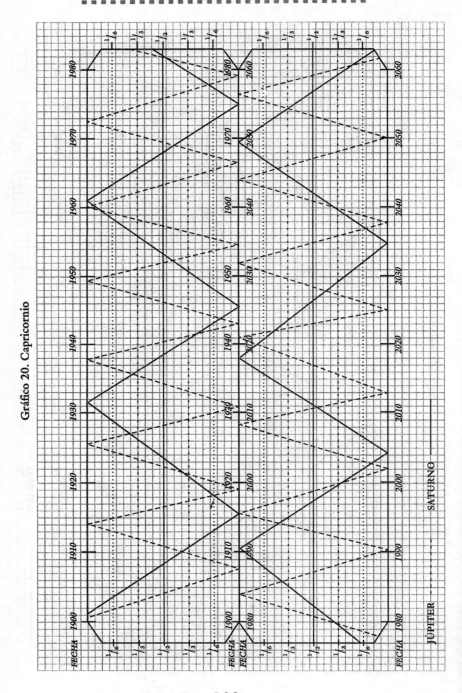

Gráfico 20. Capricornio

JUPITER - - - - - - - -

SATURNO _____

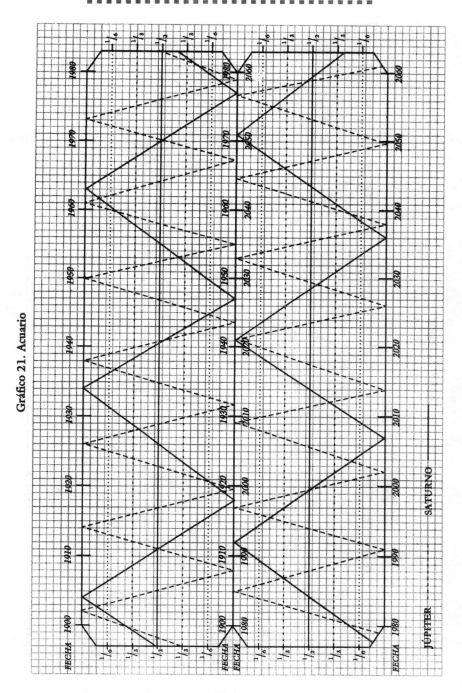

Gráfico 21. Acuario

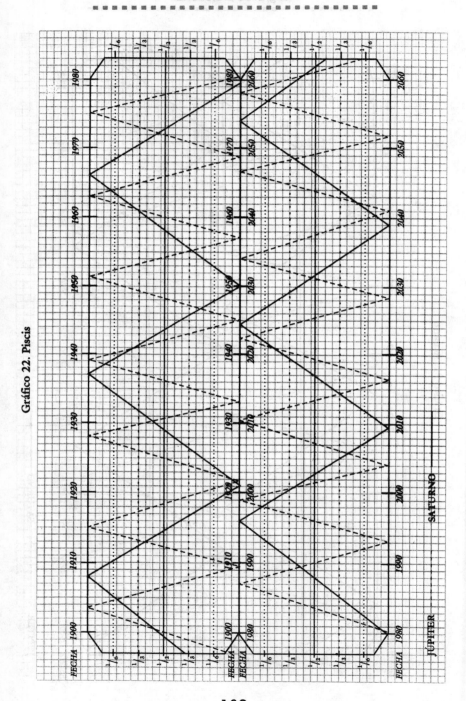

Gráfico 22. Piscis

Capítulo 9

Amigos y enemigos

Cómo saber la diferencia

Al planear la estrategia general de su carrera profesional y las tácticas diarias en el trabajo resulta primordial saber cuáles son sus amigos y cuáles sus enemigos, lo que le da un poco de empuje y le iluminará sobre quiénes tratarán de dar al traste con sus esfuerzos o logros. Es sorprendente lo poco que sabemos acerca quién nos puede ayudar y quién nos puede lastimar. Es muy común que el amigo que uno considera que va a hablar bien de uno ante el jefe, se esfume para entrar a competir por el mismo puesto al que uno aspira, mostrando sus verdaderas intenciones demasiado tarde para que uno pueda ponerse a salvo. Y tampoco es raro que nuestro más fiero competidor se vuelva de repente un aliado si un tercero trata de entrar en la competencia.

Al final usted tendrá que confiar en el sentido común y el buen juicio, tomando en cuenta todos los factores posibles para determinar quién está de su lado y por cuánto tiempo permanecerá en esa posición. Sin embargo, ciertas posiciones compartidas dentro de los ciclos planetarios pueden dar una dimensión nueva a su comprensión, y podrán servirle de claves para conocer cuáles de sus colegas tendrán relación con usted.

En la astrología tradicional la comparación de cartas astrológicas se denomina "sinastría", y consiste en encajar las posiciones planetarias natales de los dos individuos para ver si sus planetas ocupan áreas similares de la carta natal. Cuando el mismo lugar está ocupado por dos planetas de naturalezas en conflicto, la astrología tradicional postula que los dos individuos tenderán a ser perjudiciales mutuamente. Cuando la naturaleza de los dos planetas es compatible tienden a ayudarse entre sí. De modo tradicional, la sinastría puede ser bastante compleja ya que se utilizan más elementos además de los contactos en conjunción directa; y aunque se trata de tan sólo dos personas puede llegar a ser muy complicada y a menudo contradictoria.

Aunque esta forma de análisis es únicamente una tradición, con poco fundamento concreto, ha demostrado muchas veces su excelencia, por lo que parece que tiene algo de cierto. Por ejemplo, en el caso controvertido de Joann Little en el que Little estaba acusada de asesinar al carcelero que trató de violarla, la defensa utilizó la astrología comparativa para seleccionar a los jurados. La defensa preguntó a los posibles jurados sus fechas de nacimiento y eliminaron a los que tenían posibles planetas no benéficos (como Saturno, Urano, Neptuno, Plutón y Marte) en coincidencia con las áreas de la carta natal de Little. Y dio el visto bueno cuando se encontraban en los jurados los supuestos planetas "benéficos" (Venus, el Sol, y Júpiter) compartiendo las mismas áreas. Como se sabe, la acusada fue absuelta.

Un solo ejemplo no "demuestra" una premisa astrológica, quizás cualquier combinación de jurados la habría absuelto. Pero existen otros ejemplos de las mismas aplicaciones de la astrología. He utilizado la misma técnica muchas veces en casos civiles con el fin de ayudar a elegir los jurados y nunca han perdido un caso. De hecho, en un caso fue incluso posible predecir, gracias a este método, quién sería elegido como presidente del jurado. También sé de otros que han utilizados la misma técnica con éxito, por lo que da la sensación de que sí funciona.

Es posible encontrar un modelo bastante lógico con el cual explicar este fenómeno. Primero sabemos desde las investigaciones de Gauquelin que las posiciones planetarias natales relacionadas con el Ascendente son indicadores estadísticos de la ocupación profesional. Segundo, encontramos que los ciclos de los planetas en relación con su posición natal describen claramente los periodos de crisis aceptados por la psicología. Si se combinan estos dos principios se puede deducir la teoría de que los ciclos planetarios que se enfocan en el Ascendente para influir en la elección de la carrera podrían estar relacionados con los ciclos profesionales generales, como ha quedado demostrado.

Ahora bien, si vamos un poco más allá, podríamos deducir que un ciclo planetario podría tener efectos observables no sólo cuando se enfoca en el Ascendente o en su posición natal, sino también cuando se enfoca en la posición natal de los demás planetas. Tales ciclos, si se demuestran, serían un buen camino para explicar y describir los efectos alegados por los astrólogos.

También explicarían el efecto de la sinastría que se ha visto y utilizado en las cortes. Yo mismo he presenciado muchas veces el mismo efecto, pero respecto a situaciones profesionales, la mayor parte en detrimento de personas que podrían haber evitado los problemas si hubieran estado al tanto de ello. Simplemente, si la posición de Júpiter en la carta natal de una persona, por ejemplo, está a 15° de Virgo y en la de otra, Saturno también está a 15° de Virgo, ambos tendrían en sincronía el pico del ciclo de los planetas de todos los ciclos celestes regulares, desde los cortos ciclos diurnos y nocturnos de la Luna hasta los más prolongados. Sin embargo, cuando un individuo recibe la influencia "positiva" del expansivo Júpiter, la otra recibirá el mismo impulso pero "negativo" del restrictivo Saturno. Esta comparación le ayudará a predecir el momento en el que habrá influencias negativas en un individuo en sincronía con las influencias positivas del otro, creando un ritmo general en el cual el Saturno del individuo tiene un efecto negativo sobre el Júpiter del otro y viceversa. Esto es algo parecido a poner una persona triste junto a una persona alegre en la misma habitación: la persona triste se volverá un poco más alegre y la contenta tenderá a estar más deprimida.

Desde luego que uno preferiría ser la persona que reciba los efectos alentadores y positivos. En resumidas cuentas ése es el arte de la auto-defensa profesional, al menos hasta donde llegan las influencias planetarias. Si sabe las diferentes combinaciones de los planetas entre su carta natal y la de otra persona, tendrá cierta idea de la influencia positiva o negativa que esa persona tendrá en sus logros laborales.

¿Cómo puede uno interpretar los diferentes puntos de contacto? Bien, el resto de este capítulo es un resumen del significado de los diferentes cruces, recopilados según mis propias observaciones durante años y complementados por la sabiduría astrológica tradicional. No tiene una garantía del 100% porque no se ha llevado a cabo ninguna investigación clínica al respecto, y tal vez falte mucho para que esto ocurra ya que los "amigos" y los "enemigos" son algo difícil de definir clínicamente. Pero yo creo que son acertados con una frecuencia sorprendente, así que hará bien en prestarles atención.

Se incluyen, junto con el Sol y los demás planetas, los nodos lunares, los puntos en movimiento en los que la órbita de la Luna intersecta la de la Tierra. Aunque no son cuerpos reales, son vínculos espaciales críticos para la Tierra, el Sol y la Luna, y determinan el ciclo de los eclipses, así que vale la pena tomar nota de estos puntos sensibles.

DETERMINACIÓN DE LOS PUNTOS DE CONTACTO

Primero, ¿cómo puede descubrir en donde se cruzan las posiciones planetarias de la carta natal de otra persona con las suyas? Es sencillo (la mayoría de los astrólogos los saben y lo usan a diario): coloque su carta natal encima de la de la otra persona y vea cuáles son los planetas que coinciden. En la sinastría tradicional esto significa comparar también los demás aspectos mutuos, pero es más complejo que necesario y se convierte en algo totalmente inalcanzable cuando se trata de más de dos individuos. Sin embargo si se utiliza el gráfico que viene al final del capítulo se puede comparar una oficina llena de gente y ver quién es bueno o malo para cada quien y para el grupo en general.

El primer paso, por supuesto, es saber los datos de nacimiento. A menos que desee que las otras personas sospechen que usted está tratando de hacer alguna manipulación astrológica (de lo que usted ya se siente bastante culpable), no se dé a notar preguntando la hora exacta. Si por el contrario desea hacer un análisis completo del ciclo de una persona determinada, necesitará la hora exacta, así que sopese las opciones que tiene. Yo suelo preguntar solamente la fecha y el año (incluso cada uno en diferente momento para estar más seguro) y después la hora si es que la sinastría resulta particularmente promisoria o nefasta.

Una vez que ha establecido las posiciones, compárelas. Observe qué planetas de su carta natal están en conjunción con los planetas de la otra persona y después repase la siguiente sección. Así verá la explicación del potencial que posee ese contacto desde los dos puntos de vista. Es estrictamente una calle de doble sentido y usted está buscando una de cuatro situaciones, dependiendo de lo que usted pretenda de la relación:

1. Sus planetas "benéficos" (Sol, Júpiter, el Ascendente y el nodo norte) sobre los del otro, lo que implicará una relación mutuamente positiva y de refuerzo.
2. Sus planetas "maléficos" (Marte, Saturno, Urano, Neptuno, Plutón y el nodo sur) sobre los de la otra persona, le proporcionará el dominio y le hará capaz de vislumbrar los recursos de la otra persona.
3. Sus planetas benéficos sobre los maléficos del otro, que revertirá la situación colocándole a usted por debajo.
4. Sus maléficos sobre los maléficos del otro, lo que no indicará nada de particular, excepto una cierta similitud en el ritmo profesional y la probabilidad de compartir las dificultades.

Obviamente, la 1 y la 2 son situaciones astrológicamente positivas, la 3 debe evitarse a toda costa, y la 4 puede ignorarse por completo en la mayoría de los casos. A la hora de la práctica usted se dará cuenta de que la mayoría de las relaciones tienen más de un punto de contacto y que la naturaleza de esos puntos de contacto es mixta, por lo que deberá tomar en consideración la suma total.

Nótese que los planetas Mercurio y Venus no se han incluido en este libro. Esto se debe a que sus órbitas se encuentran dentro del rango de la órbita de la Tierra y por lo tanto nos dan la sensación de que siempre están junto al Sol y que siguen su ciclo, teniendo principalmente un efecto adicional sobre el ciclo solar. Sin embargo, cuando se hace el trabajo de comparación entre cartas natales tienen cierto valor real. Pasa algo parecido con la Luna, que tiene mucho valor, pero más del lado personal que en el análisis profesional. Como regla general se pueden considerar benéficos; Mercurio aporta nuevas ideas en todos sus contactos, Venus aporta dinero y amor o la probabilidad de tenerlo, y la Luna indica compromisos sentimentales. Así pues los contactos con los planetas benéficos traen nuevas ideas, mayor flujo de dinero y emociones positivas, mientras que el contacto con los maléficos suprime los efectos positivos u ocasiona que

137

la persona consuma a la otra en las áreas respectivas en las que cae la influencia. Cualquier buen libro o sinastría le aportará más detalles y sutilezas, pero el presente trabajo sólo se enfoca en el análisis de los ciclos y su efecto sobre el crecimiento y la carrera profesional; el resto de la información va más allá de su alcance.

LISTA DE CONTACTOS MUTUOS

El Sol

El Sol con el Sol
Ambos comparten la misma fecha de nacimiento y probablemente la misma perspectiva ante la vida. Esto les puede convertir en buenos camaradas, pero también puede significar el compartir las mismas metas lo que les podría volver competidores. Por lo tanto, sería inteligente mantener la relación en el ámbito de la amistad y evitar situaciones en las que ambos compitan por el mismo puesto. Esta persona podría ser una dura competencia para usted, lo que podría destruir la relación de amistad natural que generalmente surge de este tipo de contacto.

El Sol con el Ascendente
Es una excelente combinación y si la situación es la apropiada, podría provocar una atracción física y profesional considerable. La persona con el Sol como parte de este contacto suele ser la que ejerce la fuerza interior, motivadora y dominante en la relación, mientras que la persona que tiene el Ascendente suele ser el representante físico en los asuntos laborales mutuos, presentando las ideas, proyectos e intenciones que se han fraguado en común. La influencia del Sol representa energía y motivación, mientras que la influencia del Ascendente capacitará a su propietario para demostrar su buena presentación o desenvolvimiento. Esta relación suele darse en parejas de marido y mujer en las que uno ostenta el poder detrás del trono y el otro posee la educación, belleza, agresividad, inteligencia, experiencia, flexibilidad, según la profesión, para exponer todo ante el público. A medida de que se va desarrollando se convierte en una situación directa de

mutua interdependencia, por lo que debe asegurarse de que sea la persona "correcta" antes de involucrarse fuertemente, por más tentadora que sea la posibilidad de una relación. No es aconsejable llegar muy lejos para darse cuenta de que existe un obstáculo serio a lo que se anticipaba como un "viaje de placer", ya que un contacto maléfico puede volver una relación inicialmente positiva en la simple carnada de una trampa en la que uno de los dos terminará siendo utilizado.

El Sol con Marte

Dependiendo de quién posea cada uno de los dos, puede ser que aporte energía y apoyo o que sea una relación muy desagradable. La persona que tenga a Marte observará que la otra persona le rescatará en las situaciones en las que las cosas se pongan aburridas o tomará parte de la carga cuando ésta se vuelva demasiado pesada. Se debe tener cuidado de que la persona que tenga a Marte no trate de utilizar a la otra como mula de carga o fuente de energía constantemente. En esta relación suele existir poca tolerancia a la ira o la irritación, sobre todo de parte de la persona con el Sol, que estará dispuesta a ayudar, pero que se enojará si sospecha que está siendo explotada. Suele desembocar en una relación inconstante y a veces explosiva; sin embargo, si se mantiene bajo control y se lleva al nivel racional, puede aportar bastante energía. La persona con el Sol debe estar alerta de que la persona no perjudique accidentalmente sus proyectos; y debería estar preparada para tomar nuevas alternativas o evitar involucrarse de lleno. Al final la persona de Marte suele obtener el mayor beneficio de la relación y suele ser, aunque no siempre, la más agresiva de las dos. Por lo tanto, es muy probable que la persona de Marte sea el patrón y la del Sol el empleado, o algo similar. Cuando esto sucede al contrario el empleado será conflictivo y el patrón tendrá que tener mano dura para que el trabajo se haga.

El Sol con Júpiter

Es una excelente combinación que puede hacerles ganar bastante dinero a ambos. La persona con la influencia de Júpiter será la fuente de las ideas y planes sobre proyectos que tendrán bastante éxito. La parte del Sol será la que le dé solidez a las ideas y las convierta en realidad material. Esta posición sólo puede destruirse si ambas partes deciden llevar a cabo todo el maravilloso potencial hasta el grado de que asumen más de lo que pueden abarcar. Antes de lanzarse a algo nuevo con este tipo de contacto, medite bien si es un proyecto realista o si es producto de la ebullición mutua que les hace ver las cosas de color de rosa que luego se podrán convertir en una realidad pesada y dura.

La dirección que tome este tipo de relación viene dada por el resto de los contactos que existan también. Si, por ejemplo, existe además un contacto Marte-Urano, hay que tener precaución porque se añadirá un efecto de precipitación o imprudencia. Si por el contrario, existen otros contactos que indiquen mutuo beneficio o incluso la probabilidad de una actitud más precavida, entonces puede esperarse que la combinación conduzca al éxito y que los proyectos se vuelvan realidad.

El Sol con Saturno

A pesar de la apariencia maléfica de esta combinación, no tiene por qué ser del todo mala. Depende de la naturaleza de los dos individuos. Normalmente, dejando aparte otros factores, esta relación sería la causa de que la persona con Saturno use a la otra para abrir las circunstancias limitantes y salga adelante, tal vez aprovechando la energía del otro. Tal situación podría parecer injusta para uno de los dos: sería mejor ser el que tiene a Saturno y no al contrario.

Pero no tiene que ser así necesariamente. Si el individuo que posee el Sol tiene un carácter particularmente imprudente o descuidado necesitaría cierta dosis de freno y prudencia, y esta relación sería la ideal. En efecto, la energía y la precipitación se moderarían para el beneficio de los dos.

Siendo yo más bien impulsivo, he encontrado beneficios concretos en este tipo de relaciones. Tuve la oportunidad de manejar una energía e inspiración extraordinaria cuando lo necesité a cambio de una mano firme que me echaba para atrás cuando necesitaba restringirme de alguna manera.

Así pues, analice toda la situación con detenimiento antes de decidir si el efecto de esta combinación es bueno o malo. Podría ser la típica relación opresiva en la que el jefe se basa en la carrera del empleado sacando el máximo beneficio de su trabajo; o bien podría significar una situación en la que el socio impulsivo tenga una rienda que le frene antes de echar todo por la borda.

El Sol con Urano

Puede ser un contacto muy estimulante que puede resultar en cualquier cosa, desde una asombrosa originalidad mutua hasta una devastadora lucha a brazo partido. En cualquier caso no será una relación tranquila. No se podría decir cuál de las dos personas estará permanentemente arriba ni qué sucederá entre ambos, excepto de que lo que es seguro es que *será* impredecible.

Por lo general, cada uno será una fuente de descubrimiento para el otro, la persona que tenga el Sol aportará energía y motivación y la de Urano tendrá la clave para el repentino entendimiento de la forma de abordar las cosas. Por lo tanto si usted se dedica a un campo en el que las innovaciones sean parte del éxito, este contacto será excelente. Por otro lado, si se dedica a una profesión en la que las reglas y las regulaciones predominen probablemente esta relación sea destructiva.

En cualquier caso la relación tenderá a ser en cierta forma errática y de vez en cuando tendrán roces que resulten más bien molestos. Ya sea un pequeño inconveniente o un problema importante depende mucho de las circunstancias y otros factores mitigantes de las respectivas personalidades. Si los dos están preparados para afrontar e incluso para disfrutar las sorpresas repentinas, la relación puede ser provechosa, incluso aunque a veces pueda llegar a caer en la imprudencia.

El Sol con Neptuno

Este contacto provoca relaciones más bien veladas y no es recomendable en campos profesionales en los que se necesitan tener buen olfato. Usualmente el individuo de Neptuno no tendrá una idea clara de quién es su socio o de cómo va la relación y podría sustituir la realidad por una fantasía elaborada o un error absoluto.

Para la persona que tenga el Sol en este contacto, el socio puede resultar una especie de albatros. La cooperación resultará difícil porque ambos verán las cosas completamente diferentes. En los casos en que los individuos puedan ser manipulados, tal vez se evite este problema, pero casi nunca se logra una relación equitativa.

En las relaciones en las que no es necesario ser equitativo o ni siquiera es deseable, sobre todo si para uno de los dos es ventajoso adular al otro, como en ciertas relaciones maestro-alumno, este aspecto podría resultar una ventaja. Por lo menos mientras que el alumno no descubra que el maestro es un ídolo con pies de barro. En ese caso rechazará todo lo que antes le parecía bien, aunque siga siendo válido o de utilidad. Por eso este contacto es uno de los que hay que abordar con más precaución, ya que puede disfrutarse al principio, pero luego puede llevar al desastre.

El Sol con Plutón

Es una combinación muy difícil que debe evitarse por ambos lados a no ser que a usted le divierta entrar en un juego duro de poder y dominación. Si se sigue puede conducir a grandes intrigas de naturaleza perniciosa. La persona con Plutón tendrá la única ventaja y tenderá a dominar al socio del Sol, aunque no lo pretenda.

Por el contrario, el socio con el Sol estará en inferioridad de condiciones aunque sea el mayor o más experimentado y nunca estará a salvo a menos que esté dispuesto a aceptar su posición inferior. Esta situación suele describir al jefe que hace trabajar duro a un empleado en particular que está desamparado y no le queda más remedio que aguantar. O puede ser el caso de un empleado que implacablemente intriga para derrocar a su superior utilizando métodos dudosos para lograr sus fines.

En cierto tipo de relación personal este contacto pued ser intenso e incluso revelador, ya que cada uno profundiza en el alma del otro. No obstante, si usted desea experimentar este tipo de relación no la mezcle con su carrera porque caerá hasta lo más bajo (si usted es la parte del Sol) o será el culpable una manipulación forzada y sin piedad que puede llegar con facilidad a lo inmoral, si no criminal (si es el de Plutón).

Por supuesto si usted tiene el contacto en Plutón y Maquiavelo es su ídolo, adelante, pasará un buen rato y le sacará provecho.

El Sol con el nodo norte

Generalmente es un contacto favorable pero no debe tomarse a la ligera si usted ya tiene más carga de trabajo de la que puede sobrellevar; se trata de una relación que puede llevarle a toda clase de nuevas perspectivas y proyectos, tan abundantes que podrán llenar una habitación.

Como en todo contacto nodal, muchas veces usted tendrá la sensación de que la relación estaba "predestinada" y que no tiene el control sobre las circunstancias, pero no deje que esto le haga perder el equilibrio al pensar que esa persona no es bien intencionada. Para descubrirlo revise los demás puntos de contacto. Resulta particularmente cierto si usted tiene el nodo norte, ya que las principales responsabilidades que vengan dadas por la relación caerán sobre sus hombros en vez de en los de su compañero.

En cualquier caso, si usted busca algo nuevo para llevar a la práctica en el momento en el que establezca este contacto, entonces es muy recomendable porque le da la posibilidad de que obtengan buenos resultados juntos sin salir lastimados. Solamente sería un problema cuando se tiene un agenda repleta y ya no se puede aceptar más trabajo. Si su Sol está en el contacto usted será el más libre y probablemente sirva para movilizar a alguien que necesitaba empuje o perspectiva.

El Sol con el nodo sur
Suele ser un camino de una sola dirección en la que la parte que da es la del Sol y la que recibe la persona que tiene el nodo sur en el contacto. Por lo tanto si usted desea recibir más dinero, amor, u otros favores, encuentre a alguien que tenga el Sol en donde se encuentre su nodo sur.

Aunque sea una situación favorable no siempre es duradera. Con frecuencia una vez que el don o el favor son un hecho se disuelve la asociación y tal vez nunca se vuelvan a encontrar. Pero si se encuentran en una situación laboral diaria durante un determinado periodo de tiempo, podrá contar con asiduidad con el socio del Sol como apoyo, siempre disponible cuando necesite ayuda.

Desde el punto de vista de la persona que tiene el Sol también es una relación favorable porque el apoyo que brinda rara vez le supone gran esfuerzo. Lo que da no es ningún sacrificio sino que lo trasmite libre y placenteramente a alguien que va a aprovecharlo de verdad. Puede ir desde un "échame la mano" hasta una verdadera apertura de posibilidades de trabajo o de ascensión en la carrera que resulta una enorme ventaja para el receptor. Por lo tanto, se trata de una transacción agradable y altamente recomendable desde todos los puntos de vista, aunque lo que se obtenga no sea tan importante. El don, por ambos lados, es dar.

El Ascendente

El Ascendente con el Ascendente

Esto significa que ambos comparten el mismo signo en ascenso sobre el horizonte a la hora del nacimiento. En esta situación existen muchas similitudes en la apariencia (sobre todo en la estructura de los huesos y el color de la piel) y en la personalidad. En las situaciones sociales se expresará probablemente con la misma gracia (o la falta de ella) y con modales parecidos.

Lo que es más importante, ya que normalmente significa que comparten el mismo orden en los ciclos y las casas, observará que coinciden también sus alzas y bajas personales y profesionales, y los mismos periodos de aprendizaje, hasta un punto inusitado. Por esta razón su relación profesional crecerá y desaparecerá de acuerdo con sus mutuos ciclos. Cuando estén en un ciclo positivo, a ambos les irá bien y podrán hacer mucho para ayudarse mutuamente, aunque realmente no necesitarán ayuda. Por el contrario, en un periodo negativo no serán de ninguna ayuda entre sí.

Otro problema podría ser que, por lo menos inicialmente, se sentirán atraídos por el mismo tipo de socios o compañeros, tanto en el contexto social como profesional por lo que pueden entrar en cierta competencia. Normalmente la competencia no persistirá, gracias a sus cualidades interiores, que son muy diferentes, lo que hará desaparecer lo que a simple vista parecían similitudes.

El Ascendente con Marte

Este contacto no es muy recomendable para ninguna de las partes. Tiende a causar reacciones de cólera y peleas. La persona cuyo Ascendente está en el contacto es particularmente vulnerable y propensa a perder en la contienda. Pero el que posee a Marte tiende a ser culpado por iniciar la pelea lo que le puede acarrear mala reputación o desaprobación hasta el punto de llevarlo a la cárcel, dependiendo de la intensidad de la contienda.

Existe un caso especial en el que este contacto puede tener un valor y es el caso de individuos que necesitan de alguna motivación. Habrá estímulo por ambos lados por lo que tal vez sea beneficioso en el caso de que ambas personas sean del tipo normalmente letárgico.

Ya que el ciclo de dos años de Marte se asocia con la renovación de proyectos y el cambio de puesto laboral, también es concebible que este contacto sirva como disparador durante la influencia del ciclo de Marte y como resultado se cambie el estatus laboral del individuo de Marte. Pero tal efecto fácilmente podría significar ser despedido como consecuencia de un desacuerdo. No suele ser un buen contacto y por lo tanto es preferible evitarlo o estar prevenido por lo que pudiera suceder siempre que sea posible.

El Ascendente con Júpiter

Es un excelente contacto y debe buscarse siempre que se pueda. Trae buena fortuna por ambas partes y crea un compañerismo de naturaleza tanto creativa como expansiva y muy directa. En el caso de la persona de Júpiter la simple presencia del compañero estimula nuevas ideas y planes y también proporciona el primer y más sencillo método de llevarlos a cabo personalmente.

Para la persona del Ascendente el compañero sirve como fuente de nuevas formas de hacer dinero y de comenzar nuevos proyectos, además de proporcionar la oportunidad de poner en marcha activamente dichas perspectivas nuevas. Es verdaderamente una relación simbiótica, con grandes beneficios mutuos.

Solamente hay una cosa que puede volverse problemática: un cierto sentido de auto-confianza que hará que ambos emprendan más de lo que pueden abarcar, cada uno confiando excesivamente en las cualidades del otro. Ponga cuidado especialmente en los nuevos compromisos antes de verse abrumado por ellos debido a su elevada auto-estima. Tal vez sus nuevos planes sean excelentes, pero requieren de la ayuda y la cooperación de los demás para realizarse por completo. Por encima de todo es muy probable que disfrute y se beneficie de este contacto, así que sáquele provecho siempre que pueda.

El Ascendente con Saturno

Dependiendo del lado en el que usted se encuentre, esta relación puede ser una verdadera ayuda o un estorbo en su carrera. La persona con Saturno tiene la ventaja impidiendo que la otra persona salga a flote y evitando salir afectado, sobre todo en circunstancias de tipo social. Aunque esta capacidad de freno es una ventaja en ciertas ocasiones, también engendra un considerable resentimiento en el receptor y sólo debe usarse cuando sea realmente necesario.

Desde el punto de vista de la persona con el Ascendente, este contacto podría resultar en la supresión y la incapacidad de sacar a flote su personalidad cuando el otro está presente. Es una experiencia muy frustrante aunque algunas personas necesitan que las refrenen porque no poseen el auto-control suficiente para hacerlo por sí solas. En esos casos el contacto podría de ser de utilidad, aunque desafortunadamente, no llegue a apreciarse.

En cierto sentido este tipo de relación puede convertirse en un reto para la personalidad, parecido al que ejerce el ciclo primero de Saturno, ya que pone a prueba la capacidad de expresarse y hacerse oír por los demás, debido a la presencia de alguien con Saturno en su Ascendente. Pero incluso así habrá necesariamente conflicto y tensión. Aunque pueda tener beneficios, yo no los conozco y prefiero animarlo a evitar estos encuentros.

El Ascendente con Urano

Puede ser un contacto muy estimulante y excitante, y suele ser muy divertido, aunque a veces algo arriesgado. Para la persona del Ascendente el compañero es el vehículo de un descubrimiento poco común, cuyo carácter le asombra y a veces confunde. Aportará un espíritu de exploración y aventura por ambas partes, uno a la cabeza (el de Urano) y el otro detrás (el del Ascendente) hacia nuevos desafíos, aunque a veces por caminos peñascosos.

Probablemente esta combinación sea mejor para las relaciones personales en las que las nuevas e inusitadas promesas hacen lograr una realización más plena que mediante los viejos caminos trillados. En el caso de los negocios no sucede lo mismo, y el separarse demasiado de las normas aceptadas puede llevar en ocasiones al desastre legal o financiero. No es un buen contacto para los que trabajan dentro de una profesión establecida. Por otro lado, si la innovación es la clave del éxito en un campo profesional vanguardista, este contacto puede ser lo que le lleve a la cabeza del mercado. En tal caso será la persona del Ascendente la que será el vehículo o promotor del desarrollo de las nuevas ideas de la persona de Urano.

Sin embargo, si existen otros contactos ásperos o competitivos con ese sujeto, terminarán por separarse y seguir cada uno su propio camino después de haber aprendido muchas cosas buenas el uno del otro.

Ascendente con Neptuno

Suele ser un encuentro desafortunado para cualquiera que se relacione con transacciones comerciales normales. Impide a cada una de las partes, comprender lo que está pasando por la mente del otro y por tanto conduce a toda clase de malentendidos, confusiones, suposiciones incorrectas y a menudo acusaciones de fraude no cometido.

Igual que con el contacto del Sol con Neptuno, la única excepción importante son las relaciones que se alimentan en la ilusión, como las de maestro-alumno o las de gurú-seguidor. Tal vez en ciertas facetas del negocio del entretenimiento en las que la ilusión forma una gran parte, pueda beneficiarse también de este contacto, y en pocas áreas más. Otra excepción son las relaciones sentimentales. El contacto de Neptuno y el Ascendente tiende a formar parejas muy devotas que nunca ven la imagen real del otro reemplazándola con una ilusión que normalmente es mejor que la realidad. Tiende a convertir la relación en algo parecido a los romances de las novelas.

Para algunos, tal experiencia puede llevarles al éxtasis, pero si usted lo que pretende es mezclar este tipo de placeres con los negocios se verá en problemas. Debería contar con un socio para lidiar con este tipo de contactos, intente encontrar otra persona en la que usted confíe para que le sirva de intermediario a fin de que las cosas queden claras y más definidas que por lo ordinario estarían. Esta precaución podría salvarle el pellejo en cuanto a la amistad y a la economía.

El Ascendente con Plutón

Es un contacto desagradable que es preferible evitar para no conver-tirse en la víctima de los juegos de poder social que tan a menudo pueden destruir o entorpecer el desarrollo de una carrera; o para evitar estar en el otro lado y hacer víctima de tales cosas a otro.

El poseedor del Ascendente suele ser normalmente el receptor y con frecuencia encontrará a la otra persona como alguien magnético o misterioso que de ese mismo modo le subyugará casi involuntariamente. Crea una confrontación de voluntades en las que una de las partes tiene pocas posibilidades de salir ganando. Por eso intente no estar en esta posición porque una vez envuelto le resultará muy difícil desembarazarse de ella. Un jefe con el lado de Plutón en este contacto puede convertir su oficina en un campo de concentración especial para usted.

Si se encuentra en el lado dominante de este contacto no lo use con nadie que no quiera convertir en su enemigo porque eso es lo que, con toda probabilidad, va a cosechar, a menos que esa persona sea una verdadera masoquista. Esto no resulta imposible, ya que este tipo de contacto se ha observado con frecuencia en casos de sado-masoquismo sexual, una escena que pertenece a la alcoba, pero no al trabajo.

El Ascendente con el nodo norte

Es un contacto desafiante. Parece como si estuvieran predestinados a relacionarse. El caso es que eso es justamente lo que va a pasar, ya que en mayor o menor medida se van a estimular mutuamente para entrar en acción. Dentro de los negocios esto es un ventaja porque la inacción prolongada conduce a la bancarrota. Por el contrario si está abrumado por el trabajo, un poco más de acción probablemente será lo último que desea.

Este es el caso sobre todo para la persona que tenga el nodo norte, porque ella será la que cargue con la mayor parte de la responsabilidad de los compromisos que se adquieran y por lo tanto soportará la mayor cantidad de trabajo. La persona cuyo Ascendente intervenga en este contacto puede que lo lleve tranquilamente y sea tan solo el receptor pasivo de todo el asunto. Tal vez se convierta en la situación ideal para una personalidad extrovertida y amena (con el Ascendente) y un agente o director (con el nodo norte). En tal situación el éxito y la popularidad viene dado por el trabajo duro y el compromiso del otro, pero ambos saldrán beneficiados, aunque no equitativamente. Así pues, piense durante un instante antes de comprometerse en una situación similar. Puede ser que entre en un camino de un solo sentido en el que tendrá que trabajar mucho antes de conseguir una buena recompensa económica. Por otra parte, si usted es el que sale ganando, pues ¡adelante!

El Ascendente con el nodo sur

Es un contacto engañoso y delicado que puede tener consecuencias explosivas para bien o para mal y que merece una observación detenida. Por lo general, la persona que tiene el nodo sur se pone, con mucho, a merced del otro y la relación ocasiona una cierta fascinación que podría parecer un poco compulsiva a veces.

La persona con el nodo sur estará definitivamente en el lado receptivo de la relación y el daño o el bien que incorpore ésta vendrá determinado por el resto de los planetas vecinos al Ascendente del compañero. Uno benéfico ocasionará un episodio agradable, sea personal o profesional, pero uno maléfico podría resultar un desastre, una pérdida personal, una traición o algo peor todavía.

En un nivel mezquino, la persona con el nodo sur puede tener constantemente bajo su yugo a la persona del Ascendente si trabajan juntos durante largos periodos de tiempo, incluso hasta el grado de llevarle hacia situaciones y deudas sin tener malicia ni pretenderlo. El ayudante chapucero pero bien intencionado es el típico ejemplo que me viene a la mente. No se puede odiar a tales personas pero siempre se sale ganando prescindiendo de ellas.

Fuera del mundo laboral este contacto puede significar un maravilloso regalo personal en el que el destino coloca la persona adecuada en su regazo. Por ningún sentido es un mal contacto, tan sólo difícil de juzgar.

Marte

Marte con Marte

Este contacto indica que sus ciclos básicos de energía laboral están en sincronía y que probablemente ascenderán y/o cambiarán sus circunstancias laborales al mismo tiempo. Por lo tanto en un campo profesional que esté repleto de trabajo serán los mejores compañeros, se ayudarán el uno al otro y compartirán proyectos fructíferos en equipo. Por otro lado, si el mercado está a la baja se podrían encontrar en seria competencia por el mismo puesto. Tenga en cuenta los momentos en los que sus perspectivas aumentan o decrecen, sobre todo si se dedican a la misma profesión. En cambio, si se dedican a profesiones complementarias, como editor e impresor, o escritor y director de arte, se podrán ayudar mutuamente cuando lleguen los tiempos difíciles.

En una situación en la que los proyectos no son cíclicos sino del día a día, esta posición compartida no es la ideal porque perderán protagonismo justo al mismo tiempo (cuando Marte esté en el punto bajo de su ciclo) y tenderán a rechazar los proyectos compartidos. En dicha situación las posiciones opuestas de Marte serían más útiles puesto que siempre se estimularían el uno al otro al tener la situación contraria. Sin embargo, como regla general, éste es un contacto muy productivo porque aporta el mismo criterio a la hora de enfrentar el trabajo y hace más fácil la compenetración.

Marte con Júpiter

Es un contacto pleno de energía que les pondrá a funcionar a toda máquina en cualquier proyecto que inicien juntos. Desarrollarán nuevas ideas con rapidez y sentirán la misma presión por seguir produciendo al mismo nivel. Por lo general, es un tipo de relación muy agresiva y se adapta mejor a las personas que tengan ese estilo. Si ambos se inclinan más bien por un estilo de vida informal, tal vez este contacto sea un poco abrumador porque ambos tendrán que echarle más ganas de las que están dispuestos, pero en ciertas ocasiones esto probablemente los favorezca.

Aunque este contacto puede estimular el aumento de la producción en equipo, mediante planes, ideas procedentes de la persona con Júpiter, y energía procedente de la persona con Marte; también puede causar problemas. Primero, la producción podría superar la capacidad de desenvolvimiento de ambos trabajadores, bloqueando la corriente en expansión. Observe a los demás colegas para ver si son capaces de seguir el ritmo, si no es así es preferible disminuirlo hasta que lo alcancen. Segundo, la producción puede llegar a superar la demanda, dejando los mínimos beneficios después de tanto esfuerzo. Y otra posibilidad sería que tanta presión podría ocasionar problemas de salud. Prepárese a tomar un descanso antes y después, por el bien común.

Marte con Saturno

Éste, como todos los contactos con Saturno, puede ir bien o mal por ambas partes, según sea la posición que tenga cada cual y cómo decidan manejar a su compañero. El individuo con Saturno tenderá a anular los esfuerzos del otro absorbiendo la energía de esa persona y utilizándola para sus propios fines. Tal efecto ilustra un tipo de contacto negativo y parcial y sería deseable cambiarlo dentro de lo posible.

El lado positivo sucede cuando el individuo de Saturno acapara los impulsos de la persona de Marte, convirtiendo las imprudencias y la energía desperdiciada en un trabajo perseverante. Al mismo tiempo, la persona de Saturno puede disfrutar los efectos estimulantes de la persona de Marte y los dos se beneficiarían de las características del otro al estar en estrecha compañía.

¿Cómo saber qué es lo que va a pasar? Principalmente por la experiencia, pero también observando si las tendencias de los demás contactos mutuos son negativas o positivas. El contacto mutuo con Plutón o Neptuno no funcionaría bien, mientras que los puntos positivos del Sol o Júpiter podrían indicar que la relación tendería al equilibrio en vez de a la explotación o la dominación.

Marte con Urano

Es un contacto muy volátil que puede traer como resultado toda clase de conflictos y choques entre ustedes, a menos que estén bien compenetrados y tengan el mismo ritmo. Ya que la mayoría de la gente no lo tiene, suele ocasionar imprudencias, peleas y separaciones inesperadas que tienden a tener un efecto destructivo en todo lo demás. Incluso cuando ambas partes sean racionales y con alto sentido de la justicia, estas cualidades pueden perderse repentinamente y ganar terreno la impulsividad en detrimento de ambos.

Cuando los dos individuos se compenetran especialmente bien, y en las profesiones en las que las reacciones rápidas son cruciales para el éxito, ésta podría ser una relación buena e incluso primordial. Pocas ocupaciones o negocios encajan con la anterior descripción, aunque quizás cuando el mundo entre en un periodo de turbulencia creciente esta influencia se sentirá con más fuerza. Ciertamente sería un rasgo necesario para el combate, y podría ser una cualidad para los compradores en la febril y veloz bolsa de valores.

En la mayoría de las áreas, sin embargo, tal contacto necesitaría de la compensación de otros contactos que sirvan de apoyo y refuerzo a fin de aumentar su responsabilidad para eliminar las características más problemáticas. A menos que le guste la vida acelerada, evítelo.

Marte con Neptuno

Por lo general se trata de un mal contacto en la mayoría de las carreras y negocios y debe evitarse o minimizarse todo lo posible. Su efecto es convertir las acciones de una de las partes (la d. Marte) en actos incomprensibles para la otra (la de Neptuno). Y al contrario, la parte de Marte nunca será capaz de tener un contacto real y verdadero con la de Neptuno. En casi todas las situaciones uno evitaría este contacto ya que tales resultados no funcionan para el futuro de ninguna relación.

No obstante, existen unas cuantas circunstancias posibles en las que esta relación podría ser de utilidad, como sería la de enviar a la persona de Neptuno para desmoronar o anular a la persona con Marte. Y por el contrario, se podría enviar a una persona sumamente segura de sí misa (Neptuno) a lidiar con alguien con el que nunca podrá tratar ni concretar nada (Marte) a fin de dar una lección de humildad.

Esta combinación también puede usarse en determinadas situaciones comerciales en las que los actos engañosos son necesarios, pero creo que ese tipo de trucos es bastante peligroso. Engañar a los demás lleva al engaño de uno mismo con tanta asiduidad que a la larga no vale la pena.

Marte con Plutón

Es un contacto competitivo y tenso que favorece la desventaja por ambas partes. Las personas cuyos planetas interactúan de esta manera harían mejor en trabajar por separado.

Usualmente, como era de esperar, la persona con Plutón tendrá una ventaja distintiva, pero sólo bajo el precio de tener que estar anulando constantemente al otro. El precio de la victoria es caer en la obsesión con algún adversario. De modo parecido, la persona con Marte será defraudada pero se quedará impertérrita, así que el conflicto podrá continuar indefinidamente, ocasionando la pérdida de energía y el daño emocional de ambos. Dentro de una relación profesional normal, en libre competencia, este contacto rara vez llega a lago bueno; a gran escala tiende a restringir el comercio y eso no ayuda a trabajar por ninguno de los dos lados.

Como con Neptuno, puede ser un buen contacto para, por ejemplo, enviar un soldado (por decir) a vencer a uno de sus enemigos o a enseñar a algún colega recalcitrante una lección; una vez más, caeríamos en el maquiavelismo (como suele suceder con Neptuno y Plutón) y creo que esas prácticas es mejor dejarlas fuera de los negocios. A largo plazo regresan para lastimarnos y a corto plazo la ganancia no vale la pena, según mi opinión.

Marte con el nodo norte

No es un contacto favorable y suele provocar considerables esfuerzos cuyos frutos se pierden a la larga. La persona más vulnerable es la que tiene el nodo norte; dicha persona se dará cuenta de que la otra arruina sus mutuos proyectos sin quererlo, pero será la que más lo resienta.

Un buen ejemplo sería un productor de discos que conozco y que fue al estudio para editar un álbum para el Bicentenario de América. Fue un trabajo arduo; apenas si tuvo tiempo de ponerlo a la venta antes del 4 de julio. Desafortunadamente el ingeniero (que también era el dueño del estudio) tenía a Marte en el nodo norte del productor, lo que causó cierta consternación en el productor, pero no tuvo tiempo ni dinero para buscar otro estudio o ingeniero.

Para su sorpresa, todo fue bien, el álbum se grabó y se mezcló sin contrariedades. Después cuando llegó la hora de editar el disco original en otro estudio mejor se dio cuenta de que estaba completamente distorsionado, aunque dicha distorsión hubiera sido imposible de escuchar en el estudio original. Era demasiado tarde para volver a grabarlo, por lo que tuvieron que producirlo de una forma acústica deformada para minimizar la distorsión, destruyendo la calidad y la presencia de la ejecución musical.

El productor fue el que más sufrió, había perdido un álbum, pero el ingeniero sufrió también porque se ganó una muy mala reputación. No es un contacto recomendable.

Marte con el nodo sur

Este contacto es muy problemático y debe evitarse todo lo posible. El nodo sur es la parte más sensible. Colocar además un planeta tan agresivo como Marte es algo más perjudicial que simplemente la posibi- lidad de hacer daño a la persona que tenga el nodo sur. De hecho, pone a esta persona literalmente a merced del individuo de Marte, por lo que deberá ser manejado con sumo cuidado por ambas partes.

Por un lado, aunque sea completamente abierto, e incluso no intencional, estar en la posición de recibir un daño no es lo más agradable. Y por el otro, tener la responsabilidad de poder lastimar a otra persona requiere de poco tacto. Si el daño no es intencional es una excelente posición desde el punto de vista de Marte. Pero llegar a darse cuenta del daño provocado sin haberlo pretendido es una tragedia.

Un buen ejemplo es el caso de un agente de ventas que tenía a Marte en el nodo sur de su gerente de distrito. Eran los mejores amigos, pero el agente de ventas hizo tan buen trabajo que la compañía despidió al gerente y lo sustituyó por el vendedor. Ambos quedaron estupefactos, y el vendedor estaba mortificado, pero aquello fue demasiado para su amistad. Muchos de los contactos nodales tienen esta cualidad predestinada en la que parece que uno no puede escabullirse, aunque yo recomiendo por lo menos intentarlo.

Júpiter

Júpiter con Júpiter

En la mayoría de los colegas esta combinación significa que nacieron en el mismo año, o sus edades se diferencian en algún múltiplo de doce. Realmente no se trata de un contacto muy significativo, excepto que poseen cierta similitud en el estilo cuando se trata de producir o manejar nuevas ideas o proyectos.

También puede significar que su fortuna en general y su situación econó-mica tienden a ir a la par. Ciertamente su creatividad en general tenderá a desarrollarse y a impulsar su carrera más o menos al mismo tiempo, aunque sus oportunidades de explotarla puedan no estar relacionadas en nada.

La cercanía del lazo puede establecerse examinando el gráfico de sus ciclos mutuos. Si van bastante parejos podrán trabajar muy bien en equipo. Por el contrario si se separan o son opuestos podrán utilizar la creatividad como una oportunidad de ayudarse el uno al otro utilizando el talento del compañero cuando esté en su punto bajo y viceversa.

En el caso de que uno sea significativamente mayor de edad que el otro, el más joven puede aprender muchísimo acerca de la prudencia y los métodos efectivos para ascender y crecer dentro de la carrera y puede descubrir que trampas evitar en el futuro.

Júpiter con Saturno

Generalmente no se trata de un buen contacto, ya que en las mejores circunstancias ya que se requiere de mucho tiempo para estabilizar y sustentar una relación. A falta de otros contactos positivos el individuo de Saturno echará por tierra los planes de la persona de Júpiter y será un bloqueo para su carrera, mientras se beneficia de las ideas y los planes de la persona de Júpiter. No es necesario decir que lo deseable aquí sería ser la persona con Saturno.

Si existen otros contactos buenos, y la persona de Júpiter es demasiado cambiante y la persona de Saturno es animosa, puede ser la mejor de las relaciones. Yo personalmente me encuentro en ese caso con una de mis mejores amigas. Tiene a Saturno justo encima de mi Júpiter así que según la interpretación clásica hubiera sido el veneno para mi carrera. Pero el efecto real fue todo lo contrario, ella me ayudó a frenar mis arranques y a menudo me obligó a desarrollar una idea por completo y con toda propiedad antes de lanzarla al mercado. Estas imprudencias siempre me habían acarreado problemas antes, así que gracias al efecto de este contacto, el problema disminuyó considerablemente.

Por tanto, juzgar este contacto es cuestión muchas veces de los caracteres de las personas relacionadas y de decidir si este tipo de influencia sería útil, dañina o ninguna de las dos.

Júpiter con Urano

Puede ser un contacto dinámico y beneficioso para ambas partes si son individuos relativamente estables con buen juicio para los negocios. El contacto trae una tremenda originalidad y amplia creatividad y productividad. Si esto se equilibra con la experiencia y el conocimiento de cómo ver un proyecto en todas sus dimensiones y detalles, puede ser una relación excelente y beneficiosa.

Sin embargo, la estabilidad personal o la falta de experiencia puede ocasionar que los proyectos se vayan de las manos o se envíen incompletos. Cuando esto pase, será normalmente la persona con Júpiter la que salga más perjudicada, o sea que si es su caso, tenga mucho cuidado.

Como siempre pasa con Urano, este contacto es más benéfico en los campos en que la creatividad y la originalidad son prioritarias. Trae conceptos amplios y profundos que brotan en la mente, por eso es tan importante la capacidad para ver los detalles. Contrarrestar o completar la idea original dinámica, pero esquemática, será de suma importancia en tales circunstancias. Cuando existen otros contactos negativos, esta combinación puede llevar a desacuerdos, así que es preferible evitarla.

Júpiter con Neptuno

Es un mejor contacto personal que profesional, a menos que se dedique a labores relacionadas con los ideales y la espiritualidad (como parece que sucede con cada vez más gente en estos días). Su resultado es la estimulación mutua hacia los ideales y principios del bien y del mal, y, por lo tanto, puede ser una experiencia gratificante en un nivel personal.

A nivel profesional, en cambio, tiende a la falta de claridad en el desarrollo de los métodos de trabajo e incluso a malentendidos acerca de los fines a los que se pretende llegar. Tiende a mutilar el progreso y a llevarlos a las nubes mientras su negocio se va a pique lentamente.

Si ninguno de los dos lleva la responsabilidad financiera, puede ser útil para predecir la dirección del mercado y hacia dónde se debería dirigir una persona o compañía determinada. Pero los asuntos diarios han de realizarse con alguien que tenga contactos más sólidos en relación con sus planetas, o simplemente con un tercero completamente diferente.

Socialmente este contacto es bastante agradable y dado a la filosofía. Con frecuencia los compañeros se tienen mutua admiración porque respetan los ideales o reglas de vida del otro. Sin embargo, en muchos casos, este contacto debe dejarse únicamente dentro del nivel social y se deben manejar los negocios con otras personas, para que un fracaso comercial no arruine una buena amistad.

Júpiter con Plutón

Es un contacto muy poderoso y suele ser difícil de manejar. No suele ser positivo, así que evítelo si es posible, sobre todo si usted está del lado de Júpiter. En tal caso la persona de Plutón será capaz de sabotear fácilmente todo sus planes para crecer y evolucionar en su carrera. Tal vez sea el supervisor que hace oídos sordos a todo lo que le sugiere, o un poderoso adversario que simplemente se cruza con usted en la competencia.

Por otro lado, si usted tiene en el contacto a Plutón, tiene en sus manos a alguien a quien podrá hundir si lo desea o lo necesita. Lamentablemente, usted ejercerá ese efecto aunque no quiera, así que se sentirá arrepentido.

En casos raros esto puede indicar que las dos personas están juntas para ejercer un duro juego de poder en el que el objeto es eliminar a un competidor mutuo. Tales alianzas son peligrosas y la persona con Júpiter haría bien en sospechar que una vez que tumben al tercero en discordia, él será la víctima siguiente y no podrá hacer nada para defenderse. Si no le gusta jugar con fuego, éste puede ser un contacto sugestivo a veces, pero hará mejor en no arriesgarse y en apartarse de él.

Júpiter con el nodo norte

Es un contacto excelente y muy recomendable, sobre todo si se quiere atraer un poco de acción a la vida. El que tiene el nodo norte es el más favorecido ya que será provisto de nuevas y beneficiosas formas de hacer las cosas gracias a la otra persona, lo cual a veces puede convertirse en un trabajo de tiempo completo.

La mitad de Júpiter del contacto se beneficia principalmente de la oportunidad de expresar su creatividad y también de encontrar a alguien que lleve a cabo la expresión de sus ideas y las haga realidad. Así pues, podría ser una relación ideal para los proyectos de su empleado (Júpiter) y el propietario de una empresa (nodo norte) con el fin de convertir las ideas en ganancias.

Desde luego, este contacto no suele presentarse bajo estas condiciones ideales. En la mayoría de las situaciones cotidianas se trata de dos personas que trabajan en proyectos en los que uno es el instigador y otro el trabajador. Normalmente se trata de un contacto bastante agradable, a no ser que ya tenga mucho trabajo y no pueda aceptar nuevas responsabilidades, aunque sean muy prometedoras. En tal caso, alguien con Júpiter en contacto con su nodo norte sería una carga. Pero en casi todos los casos alguien con el nodo norte en contacto con su Júpiter le proporcionará una maravillosa oportunidad que no debe dejar pasar.

Júpiter con el nodo sur

Con este contacto rara vez le puede ir mal. Para la persona con el nodo sur esta relación le puede traer dinero, favores, amistad y ayuda de todas clases, grandes y pequeñas. Es el equivalente planetario de la paga de vacaciones, así que es algo que debe ir buscando hasta encontrarlo.

Según el punto de vista de la persona de Júpiter esta transacción también es de placer porque se da con suavidad e incluso con beneficios. Con mucha frecuencia esto significará cierto grado de buenaventura para la persona de Júpiter que le traerá buena suerte al individuo del nodo sur, envolviendo a todos los relacionados.

Esto puede sonar a novela rosa y hasta cierto punto lo es. No lo tome como si fuera a sacarse el premio mayor cada vez que se encuentre a alguien que tenga a Júpiter en su nodo sur. Es muy probable que de este contacto surja algo beneficioso y gratuito, aunque sea de menor importancia, —a menos que lo eviten otros contactos negativos— y el premio mayor es una posibilidad real, pero tendrá que hacerse un poco de promoción con dicho individuo para lograrlo.

Por otro lado, se dará cuenta de que las personas que tienen el nodo sur en contacto con su Júpiter son los compañeros ideales para los proyectos y la expansión futuros así que no los pase por alto. Si les hace un favor ahora recibirá algo bueno para usted en el futuro.

Saturno

Saturno con Saturno

Este contacto significa que han nacido en el mismo año, con 29 años y medio (o sus múltiplos) de diferencia. En el primer caso, esta posición tiene poca influencia hacia un lado o el otro, exceptuando que son de la misma generación y por lo tanto pueden compartir los mismos ideales y prejuicios. En el segundo, sin embargo, en diferencia de edad desaparece y va adquiriendo cada vez menos importancia respecto a la experiencia y al talento.

Cuando exista una diferencia de 29 años y medio, uno descubrirá que es mucho lo que puede aprender del otro, sobre todo en cuanto a los conocimientos básicos de la profesión. Por tanto, es fácil que se establezca una relación maestro-alumno en la que la comunicación y comprensión se manifiesta de forma inmediata. Tales relaciones, particularmente si se unen a otros contactos positivos, deben atesorarse mientras duren porque es mucho lo que se da y lo que se recibe a través de la sabiduría de los años, y esto beneficia a ambas partes.

Saturno con Urano

Este contacto puede ser en cierto grado desagradable, aunque su efecto quizás sea lo que necesiten ambos individuos. En el caso de la persona de Saturno tal vez se sacuda la estabilidad de sus ideas o su postura ante la vida, lo que puede ocasionarle bastante inseguridad. Pero existen algunos individuos de ideas rígidas que necesitan este tipo de sacudida, aunque sea dolorosa, por lo que este contacto puede resultar benéfico.

Para la persona de Urano es posible que vea sus ideas y nuevos planteamientos frenados por el otro, quien parece actuar como un amortiguador de sus conceptos y pensamientos originales. Esto podrá ocasionar resentimiento y desdén por la perspectiva más conservadora de la otra persona, lo que puede conducir a fricciones. Sin embargo, la persona de Urano tal vez necesite ser frenada y obligada a considerar lo que podrían ser conceptos inválidos. Pero el freno, desafortunadamente, rara vez es apreciado.

Este contacto puede tener manifestaciones positivas si ambos lados se dan cuenta de sus carencias y utilizan a la otra persona para compensarlas. Como resultado, obtenrían una relación bien coordinada que podría desarrollar su originalidad a la vez que métodos fidedignos comprobados y fundamentados en la experiencia. Sin embargo, esto sólo ocurrirá cuando ambos lados estén dispuestos a cambiar el interés de lograr algo significativo que ninguno de los dos ni siquiera se sentiría inclinado a realizar solo.

Saturno con Neptuno

Por lo general es un contacto indeseable que trae poco beneficio para ambos. Por las dos partes tienen el efecto de ocasionar confusión general y depresión, ya que ninguno de los dos concuerda con el otro realmente. La inseguridad resultante puede ser la ruina de una relación. La persona con Saturno tendrá la sensación de que la otra persona es una influencia destructiva debido a sus creencias y por tanto no la considerará digna de confianza. No es usual que exprese este sentimiento, ni siquiera que lo piense a nivel consciente, pero engendrará sospechas y críticas al mismo tiempo.

La persona de Neptuno es probable que sienta que el estilo de la otra persona le obliga a hacer cosas incompatibles con ciertos principios básicos y creencias y por tanto considerará a esa persona como algo amenazador y frustrante. No es frecuente que sea una opinión consciente, sino más bien un sentimiento sutil que hace verdaderamente difícil que se dé la cooperación.

Afortunadamente este contacto no es muy poderoso y es muy probable que los demás contactos que existan entre las demás personas interesadas le hagan perder intensidad. Cuando es el único punto de contacto es muy raro que la relación se vuelva cercana o beneficiosa, aunque las circunstancias a mantengan durante cierto tiempo.

Saturno con Plutón

No es un contacto de ninguno modo deseable y es posible que lleve a ambas partes a una interrupción de la relación. De alguna forma cada uno de los dos bloquea los esfuerzos del otro, sin quererlo, y por lo tanto produce frustración. A menos que esté intensificado por otros contactos difíciles, no es probable que sea una influencia muy poderosa. Sin embargo, si la situación está reforzada por otras influencias, este difícil contacto podría alentar el desarrollo de una batalla a muerte por la supremacía. Es fácil que ambos lados se atrincheren y se nieguen a ceder ni un milímetro de su terreno. En algunos casos esta enemistad perdura mientras ambas partes permanecen en contacto.

No obstante, por lo general, este contacto no se siente con mucha intensidad ya que se trata de un intercambio bastante pasivo que se pondrá en juego sólo si algún otro contacto lo favorece.

Saturno con el nodo norte

Es un contacto desfavorable y se debe evitar. Para la persona con el nodo norte indica serias limitaciones en las perspectivas futuras y la aceptación de cargas pesadas y no remuneradas. El único aprendizaje del que se puede sacar ventaja de esta situación el desarrollo de la paciencia y la tolerancia ante limitaciones que son básicamente innecesarias.

La responsabilidad por parte de la persona de Saturno de volverse una carga para la otra persona no es algo envidiable a menos se trata de su enemigo; y cualquier enemistad que se genere en este proceso será de la responsabilidad primordial de la persona de Saturno. Además, dentro del comercio en general no se puede sacar un beneficio real por hundir a otro. Más bien, es el máximo de libertad la que favorece las mejores oportunidades profesionales y ganancias para todo el mundo. Los trucos comerciales restrictivos son malos en esencia para los negocios.

Sin embargo, en ocasiones, ninguna de las partes puede prevenir el conflicto y de alguna forma logra lastimar al otro sin pretenderlo. Las obligaciones caerán continuamente sobre una de las dos personas, así que la mejor opción es separarse lo antes posible para que se procure el menor daño. Si por alguna razón no es posible separarse, la persona con el nodo norte puede esperar muchas cargas gratuitas.

Saturno con el nodo sur

Este pesado contacto es mejor evitarlo a todo costa, sobre todo si usted es la persona del nodo sur. La otra persona le traerá toda clase de penas, restricciones e infortunios, y usted no podrá hacer casi nada para protegerse. Parecería como si la otra persona hubiera venido al mundo con el único propósito de perseguirle. El único caso en el que este contacto podría ser beneficioso sería cuando alguien requiriera de una muy estricta disciplina y verdaderamente se mereciera el castigo.

La persona de Saturno se convierte en el mensajero de la fatalidad, lo que dudo mucho le agrade, a no ser que tenga carácter parecido a un carcelero. Igual que con los otros casos nodales, las dificultades serán completamente sin intención por lo que se convierte en una situación doblemente penosa para el responsable. Tal relación no es deseable y se recomienda la inmediata separación. Si eso es imposible, prepárese para el chapuzón.

Esto suena como un pronóstico extremadamente pesimista. Sin embargo, si existen otros contactos positivos que por lo menos pudieran disminuir parcialmente el efecto de esta relación, el daño sería comparativamente menor. Pero si se ponen junto a otros contactos realmente negativos uno de los dos (o los dos) harían mejor en salir corriendo.

Urano

Urano con Urano

Esto significa que ustedes se diferencian en un par de años de edad y por lo tanto comparten algunas similitudes generacionales en cuanto a estilo de vida, sobre todo en la actitud hacia los nuevos conceptos y las innovaciones. A parte de esta similitudes y de cierta cantidad de unión generacional no tiene mucho significado. Es probable que pasen por crisis vitales parecidas y más o menos al mismo tiempo (también en función de la edad), pero como contacto de tú a tú es neutral.

Urano con Neptuno

El efecto de este contacto opera más en el reino de los principios que en los conflictos activos o en la cooperación, y será una relación con grandes diferencias de edad y filosóficas. La persona de Urano insistirá en explorar los hechos y en exponer los detalles de los temas que la persona de Neptuno cree con fe. En los valores personales esta divergencia de perspectiva crea conflicto, pero en materia de negocios si ambas partes son realistas, este conflicto temperamental nunca llegará a ponerse en juego. La persona de Urano estaría en desventaja en cuanto a que podría aclarar los temas que confunde a la otra persona mientras que perdería la propia claridad de sus ideas. No es un contacto notable.

Urano con Plutón

Al igual que el de Urano con Neptuno este aspecto significa principalmente una diferencia de creencias universales fundamentales. A no ser que se dediquen al negocio de la religión —o uno de los dos vea el trabajo como una religión— este contacto tendrá muy poco efecto en la vida laboral diaria, poniéndole énfasis en los demás planetas que se encuentren en el mismo lugar. Esencialmente, dentro de la esfera laboral significa que la persona de Urano rompe las barreras gracias a la fuerza de iluminación mental, mientras que la otra persona prefiere atacar lentamente las fuerzas que están por encima de él; nada importante.

Urano con el nodo norte

Puede ser un contacto desafiante y estimulante que influye en el desarrollo de nuevos y reveladores proyectos. Pero debe manejarse con cuidado porque si usted se permite caer dentro del derroche de energía que provoca, o la da por descontado, puede llevarle al desastre o al derrumbamiento repentino de sus planes.

Normalmente la persona con el nodo norte es el sujeto que está en peligro; sin embargo, yo he presenciado el comienzo de excitantes aventuras que aunque hayan sido arriesgadas se han llevado a término con éxito gracias a este aspecto. Por lo común la persona de Urano es el motivador, mientras que el individuo del nodo norte se hace cargo de la responsabilidad de los actos. En esta empresa puede perder la camisa pero pasará por momentos maravillosos. Por otro lado, si su negocio es de tipo conservador, olvídelo.

También he visto muchos romances muy intensos y poco comunes a raíz de este contacto ya que el riesgo hace que el amor sea más excitante.

Urano con el nodo sur

Es la relación de dos personas que se llevan a puntapiés. Para la persona del nodo sur puede ser una experiencia muy dolorosa y molesta, mientras que para la persona de Urano puede ser algo emocionante. En cualquier caso será una situación bastante volátil que, dentro del terreno personal podría ser interesante e incluso excitante. Sin embargo, dentro de la profesión, es estrictamente un mal negocio.

Este contacto no es probable que se manifieste de forma muy intensa, a no ser que existan otros contactos negativos que puedan crear repentinos disturbios. A no ser que usted tenga otros motivos para sentirse mal, esta relación probablemente será tranquila.

Neptuno

Neptuno con Neptuno

Es otro indicador generacional que indica que ustedes nacieron con unos cuantos años de diferencia y por lo tanto pueden compartir algunas de las creencias generales de su generación. En el terreno individual tiene poco significado.

Neptuno con Plutón

Este contacto suele estar marcado por una diferencia de edad significativa y por lo tanto tiene el matiz de las diferencias básicas en cuanto a creencias tales como los principios fundamentales de la vida. Si este contacto tuviera alguna implicación en el mundo de los negocios sería la tendencia a superar a un adversario mediante la diplomacia (Neptuno) o la de caer en una situación en la que el otro prefiere hacer el trabajo ejerciendo todo el poder (Plutón).

Neptuno con el nodo norte

Es un contacto voluble que no es muy bueno para los negocios porque tiende a conducir a aventuras especulativas a ciegas. Como siempre, el daño potencial recae en la persona del nodo norte que normalmente cargará con la responsabilidad final. La parte de Neptuno, por lo general, alentará la especulación y ocasionará o añadirá confusión.

En el amor se trata de un asunto muy distinto que conduce a relaciones amorosas largas. Pero la mayoría de los factores que hacen que el amor sea gratificante tienden a conducir a la bancarrota comercial, por lo que es mejor dejar este tipo de contactos al campo personal.

Neptuno con el nodo sur

Este contacto está amenazado con el potencial del fraude y la decepción, pero probablemente nunca saldrá a la luz a menos que existan otros factores que lo motiven. Sin embargo, la persona del nodo sur siempre estará en desventaja y a merced de la otra persona si es que dicha persona se vuelve perjudicial. Por tanto, en asuntos donde la confianza es un valor importante, debe evitarse este contacto porque siempre representará la semilla del peligro y la traición, un riesgo que podría no quedar meramente latente.

Plutón

Plutón con Plutón
Este contacto significa que nacieron con una diferencia de edad de unos cuantos años y que comparten las metas y el destino de toda su generación, ni más, ni menos.

Plutón con el nodo norte
Es un contacto muy restrictivo para la persona que tenga el nodo norte, dando a la otra persona la capacidad (aunque no necesariamente la inclinación) de llevarle a un punto muerto en su camino o de dominar fuertemente sus esfuerzos y responsabilidades.

Obviamente, esto es una ventaja para la persona de Plutón, que se colocará naturalmente un paso por delante de su colega acentuando otros contactos conflictivos. Si usted es de las personas de tipo paranoico que les gusta tener a todo el mundo bajo su yugo, este contacto sería el ideal, pero para la mayoría de la gente, la idea de pasearse con una espada sobre la cabeza de sus compañeros, no es nada agradable. Cuando ocurra hará mejor en suavizarla.

Si por el contrario usted se encuentra del lado de Plutón sea precavido con las intenciones de la otra persona y evite adquirir fuertes compromisos que puedan empantanar su carrera.

Plutón con el nodo sur
Para la persona que tenga el nodo sur en este contacto puede ser algo como recibir un golpe en la cabeza con un bate. La posibilidad de estar bajo el poder de la fuerza es bastante distintiva. Puede venir dada por sorpresas repentinas o por brutalidad; el juego limpio, la decencia y el honor no forman parte de este juego. Esté en guardia todo el tiempo y evite el contacto si puede. Puede que nunca se desencadene la violencia, pero usted será siempre la víctima desamparada potencial en el momento y lugar que el otro lo decida.

Si usted está del lado de Plutón tenga mucho cuidado y consideración porque será fácil que lastime al otro sin saberlo. Cuando exista alguna duda cerciórese de no ocasionar ningún daño inadvertidamente. No podrá ayudarlo ya que el destino lo pondrá en el papel del ofensor, pero inténtelo.

Nodo norte

Nodo norte con el nodo norte
Esto significa que son de la misma edad o que tienen una diferencia de edad de 19 años o sus múltiplos, y tan sólo es una tendencia a hacer más probable el compartir responsabilidades de naturaleza similar y en momentos similares. Además recibirán recompensas o tendrán momentos decisivos de naturaleza similar al mismo tiempo. No significa nada en cuanto a la relación de caracteres.

Nodo norte con el nodo sur
Es justo lo contrario de lo anterior. Tomarán las responsabilidades cuando el otro esté recibiendo las recompensas. Aparte de esta polaridad, no significa nada más.

Un ejemplo de comparación
Pongamos el ejemplo de dos personas que llamaremos A y B. Digamos que A nació el 15 de enero de 1950 y tiene el Ascendente a principios de Piscis. B nació el 4 de abril de 1945 y tiene el Ascendente en medio de Leo. Veamos los datos en la Tabla 1.

Al dibujar las líneas entre las mismas posiciones de las dos columnas tenemos un formidable contacto de seis puntos entre estas dos personas. Esta convergencia de fuerzas será con toda probabilidad la que influya en la profundidad de la relación; mientras más contactos más compromiso, como regla general. Cuantos menos sean los contactos es menos probable que se de una relación o será menos intensa con las personas con las que no tenga ningún contacto. Estas personas tenderán a seguir su propio camino y no resultarán importantes para usted, al contrario de lo que

TABLA 1

	A	B
Ascendente	Principios Piscis	Med-Leo
Sol	25° Capricornio	15° Aries
Marte	Principios Libra	Principios Piscis
Júpiter	Principios Acuario	Med-Virgo
Saturno	Med-Virgo	Principios Cáncer
Urano	Principios Cáncer	Principios Géminis
Neptuno	Med-Libra	Principios Libra
Plutón	Med-Leo	Principios Leo
Nodo Norte	Med-Aries	Med-Cáncer
Nodo Sur	Med-Libra	Med-Capricornio

sucedera con las que compartan muchos contactos planetarios vitales.

Observemos la lista para analizar con qué tipo de contactos estamos tratando para poder entender el tipo de relación que tenderá a desarrollarse entre estas dos personas; véase Tabla 2. El contacto entre Marte y el Ascendente no es muy bueno, provocando posibles ataques de ira, pero B tiene la "ventaja" maléfica y así ganaría el primer round. Plutón con el Ascendente es muy intenso, dando a A la posición dominante sobre B, por lo que A ganaría el segundo round y quedarían en tablas. El del nodo norte con el Sol es excelente, pero también le da la ventaja de nuevo a A. Marte con Neptuno suele ser difícil, aunque no tan intenso y esta vez en contra de B. Saturno con Júpiter podría ser una influencia positiva, pero con las cosas tan a favor de A, tal vez no sea favorable en este caso y reprima fuertemente las aspiraciones de B: por lo tanto otro round a favor de A.

Finalmente Urano con Saturno no es del todo significativo aunque puede ayudar a B a enfrentar el dominio de A, con lo que le hará ganar este último y poco importante round a B. El recuento final es de empate a tres rounds, pero el juego lo gana A, el más fuerte. Los contactos Plutón-Ascendente y Saturno-Júpiter son demasiado fuertes para superarlos, sobre todo cuando existe desventaja por parte de B al tener el nodo norte en contacto con el Sol. Todo lo que B puede hacer realmente es fanfarronear y amenazar (Ascendente-Marte) e intentar confundir o retrasar a su adversario (Marte-Neptuno, Urano-Saturno). El hecho de que B es cinco años mayor podría darle más fuerza, pero en una lucha en igualdad de condiciones B no tendría ninguna posibilidad de ganar. De hecho incluso cuando B comenzara en una posición de superioridad tal vez al cabo del tiempo A se las ingeniaría para quitar de enmedio a B y poner de patitas en la calle.

Esta relación es particularmente hostil, aunque no es rara en la política de las grandes corporaciones. Uno preferiría contactos más armoniosos que engendraran más felicidad y creatividad por ambos lados, pero eso no sucede siempre.

Digamos, por ejemplo, que el pobre B fue echado a la calle por el despiadado trepador A y necesita encontrar un nuevo trabajo. Después de enviar gran cantidad de currículums, le llegaron dos ofertas por correo, una de C y otra de D. Esta vez B va a ser más cauteloso y hará una comparación antes de decidir para quién trabajar.

Una vez obtenidos los datos de nacimiento de C (5 de abril de 1944, con Ascendente a principios de Aries) y de D (3 de julio de 1942, con Ascendente a mitad de Leo) gracias a un método indirecto, la comparación resultó como se ve en la Tabla 3. Existen siete contactos con C y con D. Ahora, viendo la naturaleza de los contactos con C obtenemos la Tabla 4. Esta presentación es favorable por completo para B, sobre todo por la excelente combinación de Júpiter con el Ascendente. Se logra el dominio

TABLA 2

A		B
Ascendente	con	Marte
Plutón	con	Ascendente
Nodo Norte	con	Sol
Marte	con	Neptuno
Saturno	con	Júpiter
Urano	con	Saturno

en la de Saturno con Marte y la de Plutón con el nodo sur, aunque esta última podría ser llevada suavemente; si usted va a dominar a un posible jefe, en el futuro nunca será despedido. Esta combinación funciona bien para B; véase la Tabla 5. Esta combinación tampoco está mal, pero los resultados son más variados. El contacto Júpiter-Ascendente está bien para ambos, pero los del nodo sur-Marte, Júpiter-Saturno y Marte-Plutón dan a B demasiado dominio y poder restrictivo sobre su posible jefe futuro. Si B quiere devolver las tácticas devastadoras de A, podría decidirse por ser contratado, podrá pasar por encima de todo y utilizarlo para sus fines profesionales a largo plazo.

Por otro lado, si B elige a C, el trabajo podría resultar un poco más difícil (Marte-Saturno), pero la atmósfera podría ser de buena convivencia y con más probabilidades de que tanto el empleado como el jefe asciendan juntos y permanezcan como buenos amigos. Nótese que en ambas comparaciones el contacto generacional (mutuo Urano, Neptuno y Plutón) se ha pasado por alto por no ser muy significativo.

¿Cuál deberá elegir B? Depende de su carácter y de sus ambiciones. Si se tratara de usted, ¿qué haría?

Hay otros factores que entran en juego es este punto: ¿Cuál de los dos trabajos es más interesante? ¿Cuál tiene más prestigio? ¿Cuál está mejor pagado?

Incluso después de haber hecho la elección, habrá otras influencias que lo afectarán. Si B se decide por la situación en la que tiene el dominio, tal vez sería una mala elección porque D podría ser lo suficientemente precavido como para eleminar la amenaza de un golpe bajo y despedir al nuevo empleado al día siguiente. Por otro lado, C podría ser un tipo de persona que no desee realmente trabajar sobre una base creativa, así que estos buenos contactos quizás no durarían mucho.

Tal como hemos establecido en varias ocasiones, los ciclos planetarios y los contactos no son de ningún modo la clave del éxito, aunque sí tienen suficiente peso como para no ignorarlos. Si B hubiera sabido el problema que A le iba a ocasionar, B podría haber hecho algo desde el principio para que no le despidieran del primer trabajo. Éste es un ejemplo extremo que demuestra claramente el proceso de comparación. En la mayoría de los casos, las elecciones no estarán tan definidas y tal vez no tenga la libertad

TABLA 3

	C	B	D
Ascendente	Principios Acuario	Med-Leo	Med-Virgo
Sol	16° Aries	15° Aries	10° Cáncer
Marte	Principios Cáncer	Principios Piscis	Principios Leo
Júpiter	Med-Leo	Med-Virgo	Principios Cáncer
Saturno	Finales Géminis	Principios Cáncer	Principios Géminis
Urano	Principios Géminis	Principios Géminis	Principios Géminis
Neptuno	Principios Libra	Principios Libra	Finales Virgo
Plutón	Principios Leo	Principios Leo	Principios Leo
Nodo Norte	Principios Leo	Med-Cáncer	Principios Virgo
Nodo Sur	Principios Acuario	Med-Capricornio	Principios Piscis

TABLA 4

C		B
Júpiter	con	Ascendente
Sol	con	Sol
Marte	con	Saturno
Urano	con	Urano
Neptuno	con	Neptuno
Plutón	con	Plutón
Nodo Sur	con	Plutón

de elegir a las personas con las que desee trabajar. Además usted trabajará mucho tiempo sin saber el Ascendente, lo que significa una gran diferencia, aunque no afecte las decisiones de estos ejemplos tan marcadamente.

Tendrá que tener en cuenta la posición del otro individuo respecto a usted, si es su superior, un igual o está en un rango inferior dentro del ámbito laboral. También tendrá que definir cuál va a ser su estilo en relación con lo que quiere alcanzar dentro de su campo y respecto al tipo de profesión. Yo personal-

TABLA 5

D		B
Ascendente	con	Júpiter
Nodo Sur	con	Marte
Júpiter	con	Saturno
Marte	con	Plutón
Saturno	con	Urano
Urano	con	Urano
Plutón	con	Plutón

mente prefiero apostar por los contactos mutuamente beneficiosos, ya que proporcionan una atmósfera de trabajo muy agradable en la que todos están felices a la larga. Pero yo me dedico a una profesión en la que se pueden establecer buenos contactos y a la vez me da para vivir. Algunas profesiones tienen características tales que sólo los "chicos agradables" llegan lejos y es entonces cuando usted tendrá que utilizar los ciclos planetarios como herramienta simplemente para seguir vivo.

Así que ya sabe, si usa los métodos de las tablas de los ciclos, junto con las técnicas de comparación, podrá poseer una especie de radar que le será de gran ayuda para detectar los vientos huracanados del mar de la fortuna. También le dirán dónde están las aguas tranquilas y productivas. Utilice estos conocimientos con sentido común y por el bien general y prosperará. Ya lo verá, es decir, si es que su barco está bien aparejado y tiene los mínimos conocimientos de navegación. Los aparejos y la disposición para navegar, herramientas básicas para obtener trabajo y para la formación profesional, son el tema del próximo y último capítulo.

COMPARACIONES DE GRUPO

Antes de empezar con una serie de consejos prácticos y no del todo astrológicos, voy a presentar una última técnica, un método de análisis de grupo o de interacciones dentro de una oficina que es bastante fácil y útil, y que dispone de muchos más datos que los que aportaría cualquier otra técnica. Le permite establecer las personas que son problemáticas o de ayuda para usted o para todo el equipo de trabajo, sus compañeros y sus incordios. También podría, como en el ejemplo que sigue a continuación, hacerle saber cuál va a ser el destino de toda la compañía y por tanto, darle la oportunidad de obtener poder de antemano o salir corriendo antes de que sea demasiado tarde.

La colocación de los datos es sencilla. Tan sólo dibuje una serie de líneas horizontales paralelas en un papel cuadriculado (a mí me gusta el que tiene cuatro cuadros por pulgada, tamaño cuaderno; pero el papel para ingenieros de líneas finas es maravilloso si desea ser detallado). Divídalas en los doce signos por orden, tres cuadros por pulgada, equivaliendo cada cuadro a 10°. Después coloque los planetas y el Ascendente de cada carta natal en el lugar apropiado, tomando una línea para cada una. En un papel de cuatro cuadros por pulgada podrá colocar diez, o en el papel profesional, veinte. Utilice su papel preferido o copie el que viene en blanco dentro de este libro.

El ejemplo del Gráfico 23 se refiere a una hipotética mezcla de personas que podrían formar parte de una compañía, una oficina o cualquier clase de grupo (por motivos éticos y legales no uso los datos confidenciales de alguna de las compañías que tengo en mis archivos). El rango de edad va desde los jóvenes entre 18 o 20 años hasta los de cincuenta y tantos. Aunque es una rara mezcla de gente en la que algunos han trabajado juntos en ocasiones pero no todos a la vez, el desenvolvimiento resultante está lejos de ser raro, más bien se trata de la forma en que la mayoría de los grupos se conforma. Hay una gran concentración de personas en Virgo, Libra y Escorpión, muy pocas en Capricornio, Acuario o Piscis, y casi nadie en el resto de los signos. En parte esto sucede por la presencia de los planetas más lentos Neptuno y Plutón en la mayoría de ellos, pero no es todo. Definitivamente aquí existe una predisposición.

Se puede deducir mucho mediante la ausencia y la presencia. Es claro que este grupo será más activo cuando el Sol o la Luna estén en los signos de otoño, y que las cosas vayan más despacio durante los signos de invierno. Por lo tanto, el invierno es el mejor momento para tomar vacaciones, justo después de un ajetreado otoño. La primavera y el verano se dedicarán a la reorganización y la elaboración de nuevos proyectos para el otoño. Sería inteligente echar una ojeada a los tránsitos de Saturno o Júpiter por los signos de otoño, ya que ellos son los fuertes indicadores de la abundancia o de la escasez.

Un buen ejemplo de lo anterior, en el que la astrología salvó mi empleo, sucedió en 1976-1977 cuando trabajaba como editor del ya mencionado periódico semanal de Bob Harrison. El sueldo estaba bien y el trabajo era tranquilo pero no precisamente glamoroso. Recibí una oferta de trabajo de una revista mensual a cuatro colores dedicada a las discotecas que estaba apenas empezando: mejor sueldo, nueva oficina, equipo de trabajo de jóvenes dinámicos, un montón de brillo. Parecía no tener comparación. Pero como método de rutina recopilé los datos de nacimiento de todos (aquí fue fácil ya que se trataba de gente nueva para ese tipo de cosas), y encontré algunos resultados preocupantes. La oficina mostraba una fuerte concentración en el signo de Leo, algo de lo que podría esperarse que fuera un grupo deslumbrante y estrafalario. Pero, el tránsito de Saturno estaba a punto de entrar al signo de Leo, lo que iba a durar los siguientes dos años y medio, y no era una buena señal para una compañía que empezaba y que necesitaría de un respiro económico para poder salir adelante.

Así que hice mi apuesta, a pesar de que la compañía estaba bien fundamentada. Acepté el empleo pero hice un trato con el periódico para continuar dedicándole sólo medio tiempo, durante el cual hice casi todo lo que había estado haciendo antes, aunque supuso tener una semana laboral muy pesada (tuve suerte, en parte porque le caía bien a Harrison y tenía fe en mí como escritor sórdido y en parte también porque individuos con ese talento son difíciles de encontrar). Todo fue bien durante un mes en la revista, y cuando Saturno entró en el signo de Leo los cheques dejaron de llegar. Un problema temporal, me aseguraron. Supe que no se trataba de eso cuando vi que llegaron personas extrañas con uniformes de trabajo y se llevaron las nuevas y modernas máquinas. Más o menos una semana después cayó la espada sobre todos nosotros y la compañía quebró. Pocos recuperaron el sueldo que les debían y todos se encontraron en la calle buscando trabajo. Excepto yo, desde luego, que regresé a mi agradecido periódico y fue ascendido a editor en jefe. La astrología me salvó el pellejo.

Debe notarse que la revista se fue a pique cuando Saturno estaba al

173

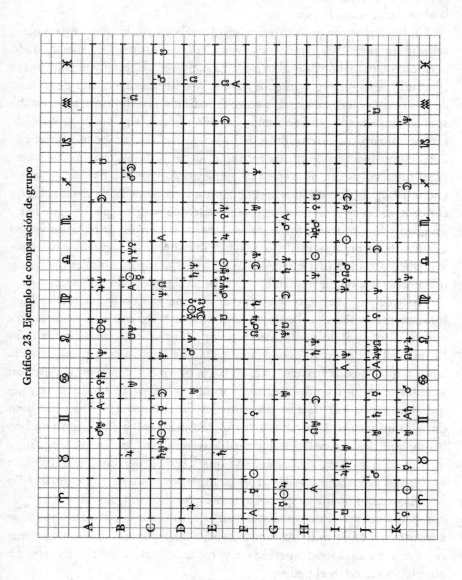

Gráfico 23. Ejemplo de comparación de grupo

comienzo de Leo, a punto de comenzar lo que serían dos años más de tiempos difíciles para la mayoría de su equipo anterior. Parecería (y todos los que leyeron con detenimiento el capítulo 2 sabrán por qué) como si la mala suerte los hubiera estado aguardando en el patio de atrás justo hasta el momento en el que se desencadenaron los hechos. Ese es el efecto general, envolvente y concentrado en el espacio y el tiempo, que tienden a tener los ciclos planetarios.

Pero regresemos a nuestra ilustración. Dibujando una raya vertical se pueden ver cualquier tipo de contactos que se quiera, quién tiene contacto con quién y en dónde, y qué individuos reaccionan de forma positiva o negativa. Si, por ejemplo, A fuera el jefe (o, usted), con el Ascendente a finales de Géminis, entonces C sería una persona con buenas ideas (Mercurio allí), F sería una personalidad acogedora y una buena influencia para agradar a los demás (Venus allí), igual que H (la Luna allí). Sería muy bueno para A, demasiado, con Mercurio, el Sol y el Ascendente en contacto con Venus y Saturno de A, aunque no funcionaría a la viceversa.

El gran número de planetas de C al final de Tauro hasta principios de Cáncer, sin embargo, no tiene casi ningún contacto con nadie más que A y H, por lo que podría ser más bien un consejero que un miembro integrado en el grupo.

La serie estelar cercana de D, el Sol, la Luna, Mercurio, el Ascendente, Venus y el nodo sur, no toca casi a nadie, así que D probablemente saldrá fuera del grupo como resultado de los ciclos que pasarían y le empujarían hacia un camino distinto al del resto de sus compañeros.

Se pueden observar instantáneamente otra infinidad de contactos tú a tú. Usted puede comprenderlos al máximo haciendo su propio grupo o compañía personal y viendo quién tiene contacto con quién y de qué manera los ciclos que vayan pasando podrían agruparlos o apartarlos. Las tablas de comparación de grupos en blanco vienen en el Apéndice 1.

Asimismo, puede llevar un registro de cada individuo o de la combinación para ver cuándo se dan las oportunidades de trabajar bien en conjunto o cuándo podría haber roces. Cuando la Luna está al final de Virgo o principios de Libra es probable que E ponga nerviosa a B (su Plutón y Marte encima del Sol, Ascendente y Mercurio de ella). Cuando Saturno transite por principios de Virgo puede estar seguro de que D pasará por una mala racha y podría solicitar un poco de ayuda, sobre todo cuando no existan contactos reales. E podría tener problemas con C cuando el tránsito de la Luna toque su contacto de Marte y el Ascendente en el signo de Piscis.

Y así sucesivamente, podríamos seguir hasta el infinito con este rico y accesible campo de información. Si usted está pensando en hacer algún movimiento en su carrera o en su vida personal, por ejemplo, tome como aliados a los que tienen contactos positivos para ambos y que estén pasando por tránsitos similares. También puede usar a una persona intermedia como puente para establecer contacto con alguien con el que tiene dificultades, tan sólo encuentre una persona que tenga contactos positivos con ambas cartas natales.

Los usos y oportunidades son infinitas, y no dude de que usted mismo encontrará otras nuevas y originales a medida que observe las combinaciones únicas de los grupos con los que se asocie. La forma lineal de ver muchas cartas al mismo tiempo permite acceder con sencillez y con referencia cruzada, a una gran cantidad e información sobre cada quién. Puede que encuentre que ésta es la técnica más útil (¡y entretenida!) del libro.

Capítulo 10

Vuelta a las bases

Desarrollo de la profesión
con ayuda de los ciclos

Hasta ahora hemos discutido una serie de técnicas diferentes para observar su carrera profesional, que le darán cierta ventaja sobre los que no las conozcan. Sin embargo, no tendrán mucho uso si usted no tiene un plan efectivo general en el cual emplearlas. Así pues, es necesario analizar alguna de las formas en las que puede elaborar un plan de operaciones.

La triste realidad es que mucha gente no tiene ninguna clase de estrategia o estructura pre-diseñada. Sólo van de un trabajo a otro, según los lleva el viento, parecido a lo que haría una barquito velero. Otros parecen escoger la dirección al azar, quizás porque la encuentran prometedora financieramente, y la persiguen sin darse cuenta de que tal vez les lleve a una dirección equivocada en la que esté implicada toda su vida. En tal caso, puede llevarlo a la miseria o la ruina.

Por lo tanto, antes de embarcarse hacia cualquier dirección, es conveniente analizar (1) sus talentos e intereses, (2) sus necesidades personales y su nivel de vida, (3) las profesiones que satisfacen los dos primeros requisitos y el tipo de destrezas, conocimientos y demás atributos que necesitará para tener éxito en el área que elija, y (4) los periodos de los ciclos en lo que se encuentra. Dicho análisis servirá tanto si usted va a comenzar, como si está pensando en cambiar o como si está bien establecido pero quiere mejorar su visión de las cosas.

1. TALENTOS E INTERESES

Es buena idea hacer una relación de ellos, incluso llegar al punto de hacer una lista. Se dará cuenta de que son más de los que había pensado. También puede que haya desarrollado, sin darse cuenta, ciertas habilidades que cuando se combinan le califican para abordar direcciones que nunca habría considerado antes. El talento matemático, por ejemplo, puede llevarlo a posiciones diferentes en un trabajo de contaduría o de enseñanza. Si se combina dicho talento con la fascinación por el riesgo o la predicción, ¿qué se obtiene? ¡Jimmy, el Griego! En este rápido cambio de era uno nunca sabe a dónde le conducirá su talento o sus inclinaciones, así que no se limite a las profesiones tradicionales ya que existen muchas áreas nuevas abiertas, que podrán encajar con su mezcla particular de cualidades e intereses. De hecho, si no encuentra nada disponible que realmente se ajuste a usted, también podrá crear un nuevo campo. Todas las profesiones que se han creado hace poco, desde los ecologistas hasta los psíquicos, empezaron por alguien, y el siguiente puede ser usted.

2. REQUISITOS PERSONALES Y DE NIVEL DE VIDA

Una profesión es simplemente una ocupación que, de forma ideal, proporciona satisfacción y felicidad. Respecto a esto, una profesión que le satisfaga a usted, tal vez no le agrade a las demás personas que se hallan en su entorno. Por desgracia, muchos son esclavos de una profesión que eligen con poco acierto, y que les obliga a vivir de un modo que les proporciona dinero, pero no satisfacción personal. Así pues, haga recuento: ¿Qué quiere realmente de la vida?, ¿mucho dinero?, ¿prestigio?, ¿creatividad?, ¿dejar huella en la historia? Existen profesiones que le darán una o varias de esas cosas, así que puede elegir. Si su meta es vivir en el campo, en una casa grande, con una gran familia, deberá elegir algo que le lleve finalmente a obtener muy buenos ingresos. Si su auténtica felicidad se la proporciona un trabajo en cierto modo creativo que cambie continuamente y le ofrezca nuevos retos, deberá sacrificar las grandes ganancias financieras que podrían ofrecerle otros trabajos más aburridos. Si su meta es el prestigio, de nuevo le costará dinero. Por ejemplo, un maestro de enseñanza privada tiene más prestigio que un recolector de basura, pero el recolector de basura suele ganar más tanto en sueldo como en utilidades.

Muchísima gente, sobre todo a principios de los sesenta, sentía que debía hacer algo para mejorar el mundo y dejar una huella en la historia. Esa necesidad ha generado toda clase de empleos periféricos, desde la trabajadora social hasta el defensor del consumidor, que tiene un campo amplio dentro de la "satisfacción anímica". La satisfacción llega de muchas formas así que sopéselas antes de elegir su dirección.

3. PROFESIONES DISPONIBLES

Ahora que tiene cierta idea de lo que quiere y de cuál es su potencial, analice las posibles profesiones que encajan con usted. Investigue qué tipo de entrenamiento o aprendizaje sería necesario para comenzarlas y lo limitantes que podrían llegar a ser si usted decidiera finalmente salirse de ellas. Algunas profesiones dejan de interesar porque suponen demasiado trabajo o tienen cada vez menos demanda, así que lo que parecía ser un lugar seguro puede convertirse en algo agitado en el momento en que usted entre en él.

Un par de ejemplos me vienen a la mente. A principios y mediados de los sesenta tanto la música folk como la pop tenían un tremendo auge. Había mucha demanda de ese tipo de música y no muchos músicos que se dedicaran a ella. Por lo tanto prácticamente cualquiera que supiera rasguear la guitarra podía pedir que le pagaran por ello (ni siquiera era necesario saber cantar, como demostró Bob Dylan). El resultado fue que miles de personas se enfocaron en ese campo, y antes de que uno se percatara, había más guitarristas que estrellas en el cielo. En 1970 los estilos empezaron a cambiar y las grabaciones y ventas de música bajaron drásticamente. De repente había un montón de gente en la calle con su guitarra a la que nadie quería contratar. Y lo que fue peor, su entrenamiento musical y experiencia no encajaba con ninguna otra profesión así que se volvieron personas completamente incontratables a menos que estuvieran dispuestas a empezar desde el principio y aprendieran otra cosa.

La misma situación ocurrió con los empleados de la ciudad como resultado de los paros masivos durante la crisis fiscal de la ciudad de Nueva York. Los policías despedidos pudieron encontrar trabajo como guardias o investigadores privados gracias a su entrenamiento, aunque no hubiera demasiados puestos a su disposición. Los maestros tenían un título académico que les permitió entrar en otras carreras nuevas. Pero los bomberos se dieron cuenta de que su experiencia no tenía prácticamente ningún uso y tuvieron que empezar de nuevo para no morirse de hambre.

Este tipo de sacudida puede ocurrir casi en cualquier campo profesional, así que trate de obtener una profesión que le dé cierta flexibilidad a la hora de ser despedido o si se da cuenta de que no le gusta realmente y desea cambiarse a otra.

4. LOS CICLOS PROFESIONALES

Existe un cuarto factor al que hay que mirar, que la mayoría no tendrá a su disposición a no ser que haya leído este libro. Los ritmos de los ciclos.

Observe los doce gráficos de los diferentes ciclos y dése una idea general de cómo va a ser el futuro. Si su segundo ciclo está a la baja (más Saturno que Júpiter), no se aventure en nada en lo que dependa de un flujo de dinero inmediato, como sería comenzar un negocio por su cuenta. Si lo hace, le sobrevendrá una racha más difícil de lo necesario y tal vez un fracaso total. De igual forma, si elige un área que depende de la creatividad inmediata su ciclo quinto será el más favorable o de lo contrario las olas de la inspiración se secarían antes de que usted se estableciera. El ejemplo del abogado previamente mencionado demuestra lo que pasa si no se toman en cuenta este tipo de factores. Vea cuáles son sus ciclos óptimos para los siguientes años y analice en qué área pueden ayudarle a situarse por delante de la competencia. Si encuentra una profesión de su gusto, estará en la mejor forma de aprovecharla. Aventurarse en el campo de las ventas cuando se está en el punto más elevado del ciclo primero es un buen ejemplo.

Sin embargo, si las ventas no encajan en su estilo o en su metas en la vida no deje pasar este ciclo lanzándose a algo de lo que podría arrepentirse. Encuentre algo más adecuado a su gusto que pueda verse favorecido por el ciclo primero, o por lo menos evite las áreas en las que sería desperdiciado por completo (algo restringido, como las leyes o la escuela de medicina). Ya que los picos de los ciclos tienden a ocurrir con una cierta sucesión rítmica, lo ideal sería que encontrara un área que permita cambios periódicos en el aprendizaje y que tenga una demanda de trabajo que coincida aproximadamente con los picos de los ciclos de cada área determinada. De ese modo usted llevará siempre las riendas.

Entrenamiento

Cuanto más preparado esté, formal o informalmente, mejor será para usted y tendrá más libertad de elección en cuanto a su profesión. Un aprendizaje equivocado o realizado para un público desacertado puede perjudicarlo seriamente, así que deberá analizarlo con detenimiento. Si su tipo de entrenamiento o aprendizaje y la experiencia subsecuente son demasiado especializados, como fue el caso de los músicos y los bomberos, puede quedar atrapado. Por otro lado, un entrenamiento que pueda ser útil en diversos tipos de negocio, como escribir a máquina o las labores secretariales, tal vez le impida ascender más allá del nivel en el que esas labores son primordiales.

Cualquier aprendizaje será más fluido y mejor en el ciclo sexto o duodécimo de Júpiter en el que los esfuerzos hacia el exterior están dormidos. El ciclo sexto o duodécimo de Saturno, sin embargo, convertirá cualquier aprendizaje en algo pesado y aburrido, y el primero de Júpiter le hará ser un poco descuidado esperando salir del paso. El tipo de entrenamiento que todo el mundo considera en primer lugar es, desde luego, la universidad. Hasta los años sesenta era considerado condición *sine qua non* para el éxito en los negocios, a pesar de que pocos de los grandes empresarios que industrializaron Estados Unidos tienen títulos universitarios. La llamada contracultura que se desarrolló durante los siguientes 15 años hizo evidente que existían muchas cosas a las que dedicarse que no encajaban dentro de lo establecido y que ciertamente no requerían de una licenciatura. Algunos de los trabajos mejor pagados no se basan en un título académico, aunque sí implican cierto tipo de entrenamiento. La mayoría de las grandes empresas tienen programas sistematizados de entrenamiento diseñados para enseñar las habilidades y los resultados que puedan ser más ventajosos para su negocio particular, y también existen muchos tipos de cursos comerciales y técnicos que le darán la capacidad práctica y le llevarán a la delantera de otros que pasen el tiempo consiguiendo graduarse en la universidad. Antes de decidirse, investigue lo que tiene a su disposición dentro de su campo o en los campos de los que desee formar parte.

Por supuesto que muchas profesiones, como la medicina, las leyes, la educación y la ingeniería necesitan de una preparación universitaria obligatoria. Incluso en los negocios, haber estudiado en una escuela de prestigio es mejor que aprender sobre la marcha desempeñando el trabajo. La escuela es la primera fuente de contactos personales a través de los cuales se puede ir ascendiendo en la profesión. En casi cualquier área es de gran ayuda tener una licenciatura, sobre todo cuando se está buscando el primer empleo. Pero tal vez no merezcan la pena los cuatro años o más, y los miles de dólares que se necesitan. En el periodismo, por ejemplo, cuatro años de duro trabajo en un periódico diario valen más para un editor que una licenciatura porque de ellos se deduce que se conoce el negocio y que puede estar al día. Cuanto más edad tenga, menos significado tendrá un grado universitario, más bien importará su expediente laboral. Si no tiene una licenciatura pero posee un currículum consistente y en constante ascenso estará en mejores condiciones que otra persona que tenga una grado universitario pero con un registro laboral regular. La persona que lo vaya a contratar se dará cuenta de que usted tiene más talento y fuerza de voluntad, mientras que la otra persona simplemente no ha desarrollado su educación universitaria. A la larga, nada tiene más éxito que haber tenido éxito.

Uno de los factores más útiles de la universidad, sobre todo si la paga la familia o un préstamo de estudios, es la de llenar el periodo de confusión durante el cual hay que decidir la profesión. Pasar un tiempo en la universidad tiene más valor a largo plazo que pasar el mismo tiempo lavando loza, aunque uno tenga que pagar por lo primero y sea pagado por lo segundo. En la universidad se obtiene una educación que de alguna manera le ayudará, y al mismo tiempo se tiene un periodo de gracia durante el cual se pueden hacer serias reflexiones sobre la profesión a elegir. Trabajar en una labor primaria no le aportará nada que no pueda adquirir después y le hará ganar sólo lo justo para vivir en ese momento.

Existe una norma general. La vida debe ser una experiencia de aprendizaje continua, ya sea en la universidad o en el mercado. Todo lo que haga le será de algún beneficio más adelante o le abrirá su perspectiva o talento natural. En este proceso no sólo se aumenta su potencial laboral dentro de una determinada profesión, sino que también elevaría las posibilidades de concretar por sí sólo una ocupación que sea completamente diferente y en la cual cada paso que dé abrirá un nuevo camino. En el actual estado financiero y socialmente inestable, esta cualidad es cada vez más una ventaja. Los que puedan utilizar experiencias diversas para ampliar los límites tradicionales de las profesiones serán los que conformen el futuro, una lucha que tiene recompensas financieras y personales.

Incluso dentro de las profesiones más conservadoras, cada vez se hace más obvio que permanecer inactivo es quedarse atrás, y que cuanto más amplia sea la base de conocimientos y experiencias más valioso será el ejecutivo o el empleado. Solamente en los empleos terminales, la ignorancia o la falta de ambición tienen algún valor, desde el punto de vista del empresario o del empleado. La mayoría de las personas se quedan estancadas en un puesto en algún momento, pero solamente los que verdaderamente se lo merecen permanecen ahí durante mucho tiempo. El grado y la velocidad con la que uno asciende en el mundo depende mucho de tener una amplia educación, no impuesta por el ambiente, sino buscada personalmente y adquirida gracias a lo que está a nuestro alrededor.

Conseguir trabajo

Una vez que ha decidido a qué quiere dedicarse y tiene los conocimientos y el talento adecuado, ¿cómo debe conseguir un puesto de trabajo? Probablemente existan tantas formas de obtener empleo como empleos mismos, y existen numerosos profesionales dedicados a ayudar a conseguir trabajo, sin mencionar toda la gente que gana dinero escribiendo libros sobre el tema.

Éste es el paso crucial, ¿para qué ha estado luchando a brazo partido si no puede obtener nada bueno de ello? Desafortunadamente es imposible delinear un buen plan de acción que conduzca a obtener un trabajo. El plan depende mucho de su estilo personal, la profesión que elija y el tipo de empresario que lo vaya a contratar. Lamentablemente, encontrará un montón de libros sobre cómo planear una profesión con una filosofía definida que se supone que funcione para todo el mundo. Uno que yo leí, muy popular, recomienda que uno irrumpa en la oficina del posible contratante y prácticamente le agarre del pescuezo para demostrar que uno es un individuo dinámico y agresivo, y lo indispensable que resulta para dicha compañía. Este método puede servir para los fanáticos del Dale Carnegie, podría incluso impresionar a algunos empresarios actuales, pero tal vez lo que consiga sea que le jalen de las orejas y lo echen a la calle, o que le traten como a un loco.

La única solución es la de reconocer y descubrir cuál es la forma que le da resultado a usted y a la compañía involucrada. Algunos individuos sólo contratan personal a través de agencias. Otros solamente sobre la base de los currículos recibidos por correo. Algunos desean recibir una carta de presentación que diga por qué se es la persona indicada para ese puesto y otros se ofenderían con ese tipo de cartas. Algunas personas basan su juicio en la presentación personal y a otros no los conocerá hasta que lo le hayan contratado. Ya que cada enfoque difiere, usted debe ser flexible para encontrar cuál es el apropiado y decidir qué forma o combinación es la mejor en cada situación.

Respecto a esto, los ciclos le pueden ayudar. Por lo general se dará cuenta de que una presentación personal es de gran ayuda si se encuentra en el primer ciclo de Júpiter o es la época del año en el que el Sol está cerca de su Ascendente (en el mismo signo o en el inmediato). Si está en el primer ciclo de Saturno o el Sol está en el signo opuesto a su Ascendente, entonces la presentación personal le hará más daño que bien. Si se encuentra en el ciclo décimo de Júpiter o el Sol está transitando por su casa décima el currículum le será de gran ayuda. Por el contrario si está en el ciclo décimo de Saturno o el Sol se encuentra en su casa cuarta el currículum tendría un papel secundario.

EL CURRÍCULUM

Ah, el currículum. ¿Cómo elaborarlo? ¿Qué puede hacer por usted y cómo puede perjudicarlo si lo usa inapropiadamente? Mientras que existen varias opiniones divergentes acerca de la longitud apropiada y el estilo de un currículum, hay varios principios generales: un currículum tiene que ser tan largo como interesante. Si tiene muchos logros, haga ostentación de ellos. Pero si infla su currículum con cursos de poca importancia o de interés irrelevante, probablemente le ocasione un revés provocado por el aburrimiento. Yo estoy a favor de un currículum de una sola página que sea resumido pero que estimule a la persona a saber más de usted. De hecho yo mismo fui invitado una vez a almorzar con el vicepresidente de una compañía editorial importante que estaba interesado en conocerme; no tenía ningún puesto que ofrecerme, pero sentía interés por lo que había leído en mi currículum. Incidentes como ése pueden abrirle las puertas de contactos importantes, aunque no le hagan conseguir un puesto de trabajo inmediatamente.

Lo que debe mostrar un currículum es el progreso y el avance en el entrenamiento, la experiencia, el puesto y el salario. Si muestra que ha estado estancado mucho tiempo en algún lugar, el que vaya a contratarlo pensará que hay una buena razón para ello y que usted no tiene méritos. Si muestra que usted ha pasado de un puesto superior a uno inferior, sea en responsabilidad o en salario, esto dará que sospechar. Cada etapa laboral debe mostrar un avance regular sobre el anterior y una razonable cantidad de tiempo en la que ha servido para cada uno. Si su currículum muestra cuatro o cinco trabajos diferentes en diferentes compañías en un lapso corto, el que le vaya a contratar pensará que brinca de un lugar a otro y probablemente no le contrate.

Adapte el currículum para la compañía a la que se presente. Esto es muy importante si usted tiene varias destrezas o experiencia en diversos campos. Redacte la mayor parte del currículum con la experiencia y entrenamiento relativos a esa compañía, y haga una lista aparte de los talentos que no son de interés para la misma. Si hace una relación de todos su logros juntos, no solo tenderá a desconcertar a los contratantes, sino que hará que sospechen. Las personas polifacéticas no gustan porque pueden ser una amenaza potencial o irresponsables. Se cree que una persona unidireccional tiene más posibilidades de encajar en la línea de la empresa, sin conspirar contra el jefe. Esto también se aplica cuando usted sea jefe y lo refieran a un puesto menor, aunque tal vez mejor remunerado, dentro de una compañía de mayor importancia. A menos que ceda el poder y la independencia de su puesto anterior, es usted una amenaza psicológica para su jefe en potencia y lo rechazarán por ser demasiado cualificado. Es una extraña paradoja: los patrones dicen que quieren contratar personas con ambición, pero se sienten perseguidos por cualquiera que esté a su alrededor y que parezca tener demasiado éxito.

Si tiene mucha imaginación y quiere hacer un gran esfuerzo en su currículum puede hacer de él una pieza literaria que será de gran ayuda. He visto currículums con tipografía comercial, completados con gráficos; parecen salidos del anuncio de una firma de la Avenida Madison. Normalmente se pone el énfasis en hasta qué grado está decidido a trabajar y en qué proporción influirá su talento en las ventas de la compañía. La cuestión es ser fluido pero convincente. El que lo vaya a contratar debe creer que usted no sólo tiene talento y experiencia (o entrenamiento), sino que usted es un buen trabajador y realmente va a producir para la empresa. Después de todo por eso se contrata a un empleado, por sus resultados. El detalle de las experiencias anteriores no debe recalcar tanto el puesto y las responsabilidades como la manera en que usted las usó para mejorar los ingresos de la compañía para la que trabajó: si subieron las ventas; si se expandió el territorio o se mejoraron los métodos gracias a usted. Va a ser contratado para aumentar las utilidades. Pero recuerde, un buen currículum será de especial ayuda durante un ciclo décimo de Júpiter, mientras que cuando Saturno esté en el ciclo décimo, o durante el primero de Júpiter será mejor que se base más en la presentación personal. Adapte la utilización de su currículum según sus ciclos.

Utilización del empleo

Supongamos que su talento y su currículum le han llevado a conseguir un puesto de trabajo. Ahora, ¿qué debe hacer?, ¿cómo debe usarlo para conseguir sus metas profesionales a largo plazo? Si se trata de su primer empleo, o de los primeros como profesionista, es posible que no sea muy excitante o gratificante. Más aún, podría (y debería) servir para mejorar su desempeño. No importa lo insignificante que sea, lo pondrá en marcha y estará al tanto de todo lo que pase en su campo. Verá cómo funcionan las cosas en realidad y cómo manejan sus superiores una gama de situaciones, a las cuales tendrá que enfrentarse algún día si es que llega a esa posición, como es de esperar. Esto se aplica a cualquier trabajo, desde el más bajo hasta el más elevado.

Una de las cosas más valiosas que puede obtener de los primeros empleos es el entrenamiento. Muchas compañías grandes tienen programas formales de entrenamiento que le darán los conocimientos necesarios para avanzar en su campo. Tome todo lo que le llegue a las manos porque a la larga le beneficiará, y aligerará un poco el aburrimiento.

En esta misma área de aprendizaje se incluye la experiencia que se obtiene realizando un trabajo, aunque sea rutinario. Cuanto mejor sepa hacerlo y más productivo sea, mejor podrá dirigir al empleado que ocupe su puesto cuando usted ascienda. Hay otra razón para realizar bien las tareas primarias, su reputación. Si usted siempre realiza bien todo lo que le asignan es más probable que le asciendan que si hace un trabajo mediocre.

Esta regla tiene algunas excepciones. Si hace cierto trabajo tan bien que nadie más lo podría hacer igual, puede quedarse atrapado ahí por ser tan valioso para su jefe. Quizás hasta le den ánimos solamente para alentarlo a permanecer ahí y hacer el trabajo que nadie más puede hacer. La mejor manera de salirse es capacitar a alguien para que lo haga, aunque tiene ciertos riesgos inherentes (podría ser que no fuera ascendido sino reemplazado). Ponga atención cuando se trate de ese tipo de trabajos y procure escabullirse de ellos.

Otro beneficio que se deriva de cualquier trabajo es el adquirir contactos personales; conocer a las personas que se dedican a lo mismo que usted y a quienes puede solicitar asesoría o referencias mientras esté dentro de ese campo. Alrededor de usted están los futuros compañeros, patrones, competidores o superiores que tendrá a su disposición si se toma tiempo para cultivarlos ahora. La persona que se concentra solamente en el trabajo y deja de lado el contexto social, desperdicia un enorme potencial futuro.

Observe en todo momento los ciclos porque le darán una buena indicación de los beneficios que obtendrá dentro de las diferentes áreas, le dirán cuándo se materializarán los proyectos y cuáles de ellos serán reales o falsos. Por ejemplo, un inminente retorno de Marte puede indicar que debería cambiar de puesto laboral o solicitar un ascenso, o tal vez sea un buen momento para considerar cambiar de trabajo. Por el contrario, uno de Saturno sería un mal momento para solicitar un aumento.

El ascenso profesional

Una vez que que esté bien establecido en su profesión, debe encarar la larga y compleja tarea de ascender hacia la cima de su empresa. Este es un tema bastante complejo como para abordarlo en detalle, pero existen muchos libros sobre ello, especialmente uno que se titula *Modern Management and Machiavelli*, de Richard H. Buskirk (NAL-Dutton, 1975). Cabe mencionar unos puntos aquí:

Primero y más importante, para tener éxito normalmente (aunque no siempre) es necesario ser bueno en lo que uno hace. Todo el planeamiento y la precisión del mundo no le llevarán a la cima y lo mantendrán ahí si no conoce bien su profesión. Por tanto, usted debe tomarse su carrera profesional como un proceso de aprendizaje continuo si quiere ir a la cabeza de la competición. Por ejemplo, un buen cirujano se ha de mantener al día en cuanto a las últimas investigaciones, mientras que muchos doctores de provincia no han aprendido nada después de que salieron de la facultad. ¿Quién quiere ser?, ¿la persona que continuamente trabaja por superarse, o la persona que avanza sin esfuerzo por la vida? Para ciertas personas es preferible la estabilidad, mientras que a otras les gusta la presión y la competencia. Obviamente este libro pretende ayudar a aquellos que deseen superarse en su profesión, pero no hay nada malo en establecerse si se puede encontrar un lugar en el que permanecer seguro. Esto le permitirá gozar de un tiempo precioso para seguir otras metas que sean más importantes para usted que la manera de ganarse la vida. El escritor Marcel Proust, por ejemplo, fue bastante más feliz siendo cartero que si hubiera sido ejecutivo de una gran empresa.

No obstante, ser el más cualificado no es suficiente para llevarlo a la cima. Muchos expertos han sido llevados a la hoguera o hundidos por la política profesional o de la compañía. Aprenda a estar en el juego, aunque no quiera o no pretenda entrar demasiado en él. En aras de la supervivencia, consiga saber lo suficiente como para defenderse, aunque no quiera verse envuelto en la participación agresiva. Sepa quién engaña a quién y a quién le interesaría quitarlo de enmedio. Los capítulos anteriores acerca de las comparaciones pueden ayudarlo bastante a dilucidar el peligro o el beneficio potencial. Si entra al juego de Maquiavelo, desde luego, puede diferenciar los adversarios seguros de los que se volverán en su contra y le darán doble cucharada de su propia medicina. A pesar de su brillante y conveniente forma de pensar, Maquiavelo al final fue un perdedor, pero entonces no existían los gráficos de los ciclos profesionales en los que basarse, así que usted tiene más ventajas.

Cuando se trata de un adversario, al que quizás quiera quitarle su puesto de trabajo, es mejor enfocarlo de manera positiva. No intente destacar las faltas de la otra persona ante el jefe ni demostrar que no cumple con su labor. La mayoría de los jefes aborrecen este tipo de carácter de manera que es más probable que usted sea el despedido. Recuerde, a nadie le gusta un correveydile, ni siquiera a los que salen beneficiados. En cambio, imagine una buena manera de demostrar que usted es capaz de hacerlo mejor, tal vez tomando parte de su trabajo simulando que quiere ayudar a sacarlo adelante. Una vez que quede claro que usted está haciendo el trabajo de su competidor, el trabajo es suyo. Todas las comparaciones planetarias del mundo no pueden ayudar si no demuestra que usted sirve para algo, mientras que si juega bien sus cartas podrá lograr superar las peores desventajas planetarias.

La mejor manera de ascender o de llegar a un puesto mejor es señalar el maravilloso trabajo que ha realizado y después solicitar el ascenso. Si su jefe reconoce su esfuerzo será recompensado, porque dicha recompensa redundará en interés de la compañía o de todo lo que se relacione. Muchos jefes, desafortunadamente, no son tan brillantes. Algunos son tacaños del todo. Otros querrán mantenerlo porque usted es muy valioso en ese puesto, y otros se imaginan que lo tienen en la cuerda floja y usted no puede hacer nada al respecto.

Sí hay algo que puede hacer. La Ley del Salario de Ricardo Iron dice que uno no puede ganar más en el trabajo actual que en cualquier otro. Por lo tanto, váyase a cualquier otro. Una vez que tenga una mejor oferta en la mano, ya está en condiciones de negociar. Pero será mejor que se cerciore de que tiene una opción segura en otra compañía, ya que si nada más alardea puede resultar un desastre. Por razones racionales o irracionales el jefe sabe cuánto están dispuestos a pagar por usted. Si ya está en el límite puede quedarse en la calle en un segundo y llevarse la sorpresa de enterarse lo poco que vale usted para su jefe.

Tenga cuidado de no dar el brinco hacia una mejor oferta exterior antes de investigarla bien. Lo que pueda parecer un sueño dorado se podría volver una pesadilla. Un posible patrón que le quiera lo suficientemente mal le prometerá el oro y el moro. No será hasta después de que haya dado el paso en falso que se dará cuenta de que el nuevo y prometedor puesto de trabajo es una esclavitud, o una oferta mucho menos segura y alentadora de lo que en un principio le hicieron creer. Lo que uno no tiene suele parecer más atractivo así que analícelo con cuidado antes de renunciar a lo que ya tiene.

Si decide cambiar hágalo rápidamente y con decisión. Esto se aplica igualmente a un movimiento por su propia voluntad o involuntario (que le despidan). Cuánto más tarde en hacer el cambio más hostilidad y resentimiento ocasionará a su alrededor, y esto se debe evitar a toda costa. Tanto el ser despedido como el renunciar a su puesto son un rechazo simbólico hacia un individuo o hacia una compañía, aun cuando las causas estén claras y justificadas (la compañía no tiene dinero para pagarle, o ha encontrado un puesto mejor pagado). Si se va con gracia y presteza mantendrá los amigos y contactos previos con los que podrá contar más adelante. Si permite que ocurra algún tipo de hostilidad, no sólo podría perder sus valiosos contactos, sino que su jefe podría ponerle en la lista negra. Por lo tanto resístase a la tentación de dar una mínima señal a su jefe de que está pensando en irse, por más satisfactorio que le pueda resultar. Permanezca cordial, más adelante se dará el gusto. Antes de dar cualquier paso apresurado, observe sus ciclos para ver si pudiera tener problemas al hacer un cambio, como pasaría durante el ciclo décimo de Saturno o el octavo de Júpiter, en los que lanzarse a un nuevo empleo verdaderamente mejor podría resultar muy poco probable o el cambio laboral podría hacerle ganar la reputación de irresponsable.

Otra cuestión importante para ascender profesionalmente es aprender a protegerse (no andar con el trasero al aire, como se suele decir). No se trata tanto de ascender por la escalera del éxito sino más bien de no caerse o no ser derribado. Este talento suele ser algo que no se dice o incluso un secreto que permanece de forma pasiva en la naturaleza humana, aunque a veces podría requerir de precauciones muy elaboradas. Es el arte de asegurase de no salir perjudicado cuando otra persona asciende.

Así pues, cuando su jefe tome una mala decisión y le pida que usted la lleve a cabo, ponga por escrito la orden que le dio antes de que suceda el desastre. Cuando tenga que depender de las promesas que le hagan, tenga cuidado de no hacer acuerdos verbales basados en un apretón de manos, pues usted será más tarde el responsable. Éste es el caso particular del ciclo duodécimo de Saturno, momento en que sus enemigos estarán tramando a sus espaldas. Siempre que algo malo esté pasando asegúrese de demostrar que usted no tiene la culpa, y cuando pase algo bueno, haga todo lo posible para que se lo reconozcan, aunque sea algo de menor importancia.

Hacerse de una imagen

Aparte de sus talentos, su productividad y de la política, existe otro factor que, tal vez desgraciadamente, juegue un papel significativo en su éxito profesional, o en lo contrario. Se trata de la imagen. Hay muchas cosas que intervienen en su imagen que puede manipular a su conveniencia solamente si sabe cuáles son. La primera y evidente es la apariencia personal, la ropa, el corte de cabello, el maquillaje y el arreglo. Toda industria tiene un estilo de vestir que denota el éxito personal. Si no viste alguna versión de dicho estilo aparenta ser un perdedor, o por lo menos fuera de onda, lo que puede perjudicarlo seriamente. La vestimenta adecuada varía según la profesión, desde el traje de vestir hasta el overol para los hombres, y el traje de noche o los jeans para la mujer. Siempre hay un buen libro sobre cómo "vestirse para el éxito", tanto para los hombres como para las mujeres, y no hace daño a nadie echarles un vistazo.

Otro factor para su imagen, menos inmediato, son los elementos que le rodean, su hogar, familia, posesiones, clubes y asociados. El banquero mejor vestido que vive en un departamento lleno de latas de cerveza y se pasa la vida codeándose con los narcotraficantes, es alguien sospechoso y tendrá dificultades para tener éxito en ese negocio. Por el contrario, los hippies se verían ridículos en un Cadillac, y pasearse en dicho automóvil sería la mejor forma de alejar a los miembros de la comuna.

Un tercer factor, menos tangible en la formación de la imagen es la actitud. Dale Carnegie y Fulton Sheen se pasaron todo el tiempo dando ese sermón, que es verdad, por lo menos en cierta medida. Si uno actúa como un ganador, se viste como tal, y se rodea de buenos elementos, existen muchas posibilidades de serlo. El dinero atrae la riqueza (por eso los ricos cada vez son más ricos) y el éxito atrae el éxito, incluso si es tan sólo un éxito simulado al principio. Es más fácil conseguir trabajo cuando se está trabajando, por ejemplo, porque da la impresión de que se tiene éxito. Cuando se está desempleado es más difícil porque se tiene la apariencia de un fracasado. Saber esto y actuar en consecuencia le dará mucha ayuda gratuita, mientras que ignorarlo tan sólo le perjudicará.

Desde la década de los sesenta, la gente se ha orientado mucho más hacia el tipo de imagen estereotipada que todo lo anterior implica. Si el vestido hace al hombre, ¿al fin y al cabo para qué habría que poner un hombre adentro? Mucha gente piensa que todo esto no tiene fundamento, y yo estoy de acuerdo. Resulta deshumanizante. Sin embargo, lamentablemente, la mayoría de los patrones y competidores no lo ven a uno como un ser humano básicamente (eso corresponde a los amigos). Lo miran como una fuente de dinero o una amenaza potencial y le juzgan por los indicadores exteriores del éxito. Por lo tanto, la ropa, lo que le rodea y la actitud no deben verse como prisiones del alma sino como el más inteligente camuflaje destinado a manipular a sus adversarios. Rehusarse a utilizar estos métodos es como ponerse en la mira para que lo derriben. La sociedad capitalista se basa en la competencia, una guerra libre para todos sin derramamiento de sangre. Si no está dispuesto a usar las armas disponibles, abandone esta guerra.

Por supuesto que puede zafarse de todo. Todos estamos involucrados hasta un cierto punto o no podríamos vivir. Aquí usted debe tomar una decisión personal sobre la base de cuánto le gustaría alcanzar el óptimo nivel de vida, hasta qué punto va a permitir que esos factores rijan su existencia, y a cuánto éxito está dispuesto a renunciar si no es así. Las imágenes estereotipadas no son tan rígidas como antes de que se produjera la revolución en el vestir de los años sesenta, pero todavía tienen un poderoso efecto, negativo o positivo, en su carrera profesional. Cualquiera que sea la imagen que desea proyectar recuerde que su éxito será afectado en gran medida por los ciclos. Durante su ciclo primero de Júpiter, por ejemplo, casi cualquier imagen tendrá éxito para usted, por lo menos durante un tiempo, mientras que en el ciclo primero de Saturno, su capacidad de edificar una imagen adecuada se quedará sólo en el intento.

Productividad

Lo más importante de cualquier ocupación sigue siendo la productividad. Eso significa dinero para usted y para el patrón que le paga. Cuánto más le haga ganar a la empresa más se beneficiarán todos, en la mayoría de las situaciones.

Mucha gente confunde la productividad con el trabajo duro. Simplemente no es lo mismo. Puede pasarse la semana sudando tras el arado y no llegar a tener arada ni la mitad del área que otra persona pueda arar sentada tranquilamente en un tractor. La productividad es el resultado tangible, sin importar si ha hecho o no el trabajo.

La clave de la productividad no es la cantidad de trabajo que haga, sino la eficiencia. El tiempo que se utilice en ver la forma más fácil y rápida de hacer las cosas es tiempo bien usado. Algo que magnifique o multiplique el efecto sobre lo que le rodea hará que obtenga resultados mejores y que sea más productivo. El primer ser humano que levantó una piedra o un palo para usarlos como herramientas fue el primero en descubrirlo. No obstante, hace poco la ética puritana del trabajo ha opacado este principio.

Mucho del trabajo que tiene que hacer consiste, por lo menos en parte, en labores repetitivas: escribir cartas, hacer citas, sacar y meter cosas en los archivos. Todo esto lleva tiempo y queda lejos de abrir un nuevo campo o hacer negocios que realmente den a ganar dinero. Por eso se inventó el puesto de asistente (y más recientemente la computadora). Si se encuentra abotargado de trabajo rutinario, suplique, pida prestado o incluso robe un asistente, aunque su puesto no lo lleve incluido. La diferencia en la productividad será mayor al salario que le dé. Lo ideal es que no haga nada más que las cosas que usted y nada más que usted pueda hacer. La primera cualidad de un líder es ser capaz de delegar autoridad.

No pierda el tiempo. Hay mucha gente y horarios en este mundo que parecen diseñados para impedir que haga las cosas que realmente son importantes. Elimine a esas personas de su vida, siempre que pueda, y reorganice sus horarios para conseguir más eficiencia, incluyendo las actividades extra curriculares que pueden ser incluidas en la categoría de tiempo valioso para el trabajo. Adquiera herramientas de trabajo que sean buenas. Si es escritor, por ejemplo, adquiera una computadora personal y el mejor software que pueda permitirse. Incrementará su velocidad (y por lo tanto su eficiencia), y la edición y la corrección serán como una suave brisa. Si tiene que trabajar con números, siga el mismo consejo. Si es un viajante adquiera un coche con todas las comodidades para que sus viajes sean confortables y pueda llegar a su destino en buen estado. Vale la pena el dinero invertido en el equipamiento mejor y más moderno porque el tiempo y la energía que ahorra dan como resultado una mayor productividad.

Establezca un nivel de calidad laboral suficiente para la tarea, no se sobrepase. Puede pasar el doble de tiempo haciendo algo absolutamente perfecto cuando la perfección total no es necesaria. Cuando esté lo suficientemente bien, siga con otra cosa. Necesita no gastar más tiempo que el requerido para llegar a lo normal.

Use el tiempo que normalmente se desperdiciaría, como los viajes en autobús o en el metro, o en la sala de espera. Si no puede realizar ningún trabajo allí, por lo menos lea un libro o revista que le aporte conocimientos en su campo. Observe sus ciclos. El ciclo quinto y sexto de Júpiter son excelentes periodos para mejorar la eficiencia con nuevos métodos, métodos que le facilitarán las cosas cuando lleguen los ciclos quinto y sexto de Saturno.

Son sólo unas cuantas formas de mejorar la productividad y salir adelante. Existen varios libros muy buenos acerca de cómo mejorar el rendimiento profesional, y haría bien en dedicar un esfuerzo especial para leer todo lo que valga la pena sobre el tema. Para los principiantes recomiendo el libro de Richard Buskirk, *Your Career* (Mentor), que da consejos excelentes y con gran sentido común acerca de este tema. También existen libros especializados que merecen su atención especial.

Cambiar de profesión

Antes de terminar esta sección dedicada a los "buenos consejos", hay un tema importante que merece consideración: cambiar de profesión. Había un tiempo en el que esto sólo se hacía muy raramente. Uno elegía su profesión y en ella se quedaba, empezaba como principiante y mejoraba hasta llegar a ser un maestro.

El mercado laboral actual es mucho menos estable y los cambios en la tecnología están creando nuevas profesiones y haciendo otras obsoletas a un paso vertiginoso. Personas de todas los oficios se encuentran de repente hundidas debido a que el campo de su empresa ha sido suplantado por otro, o la demanda de su producto simplemente desaparece. Además, hay mucha gente que encuentra que su profesión es limitante e insatisfactoria desde el punto de vista personal o creativo y, como consecuencia, deciden empezar algo nuevo que le dé nuevas esperanzas.

Debe hacerse mucha planeación antes de llegar el momento de un cambio de profesión obligado o voluntario. No escoja un campo muy angosto que le deje sin ningún talento exterior que le ayude a desenvolverse o fracasará. Si por algún motivo prefiere dedicarse a ese determinado campo, desarrolle habilidades alternativas, aunque sean tareas secundarias, como escribir a máquina. Dichos recursos pueden hacerle solvente si tuviera que enfrentarse a la amenaza del desempleo. Cultive actividades externas que se puedan utilizar en alguna otra área de su ocupación, o que por lo menos contribuyan a su bagaje profesional si se ve obligado a cambiar de empleo.

Suponga que el cambio le llega sin que usted tenga ningún recurso preparado. Entonces tendrá que sentarse y congelar su talento y preparación, y volver a comenzar desde abajo. Si cae ciegamente en esta situación tal vez sea la primera vez que haga un autoanálisis y se sorprenderá de la cantidad de talentos e intereses divergentes que posee.

Naturalmente es importante mirar detenidamente los ciclos profesionales para vislumbrar cuáles son la áreas generales que estarán más favorecidas en ese momento. Necesitará toda la ayuda que pueda conseguir porque tendrá menos experiencia que sus competidores de la misma edad. El conocimiento de sus ciclos le da una ventaja escondida que hará que los demás pasen por alto sus impedimentos y se centren más en su talento y en sus ganas de trabajar y aprender.

Mucha gente ha respondido al reto de verse obligada a cambiar de profesión creando una nueva por completo a partir de la síntesis de los conocimientos y la experiencia de su profesión original junto con otros talentos y conocimientos, a fin de satisfacer las nuevas necesidades de la industria y los consumidores. De hecho, el nacimiento de la "contracultura" dio lugar a cientos de trabajos y profesiones que nadie se hubiera imaginado antes, gracias a los cuales sus creadores y los que los siguieron viven muy bien. Este proceso todavía continúa, ya que la tecnología crea nuevas demandas en el mundo. Los que se ven forzados a cambiar de profesión harían bien en intentar analizar las necesidades y tendencias actuales para ver si existe una mina de oro potencial, todavía no descubierta.

Es aconsejable que las personas que buscan un cambio profesional tengan mucha precaución. Cuando se está sin trabajo, es frecuente que no haya nada que perder al intentar una nueva dirección. Pero cuando se tiene una posición segura a menudo se arriesga todo si se intenta un camino completamente nuevo. Si piensa que debe cambiar de profesión, hágalo gradualmente para que pueda determinar si funciona mientras tanto. No queme los puentes que vaya dejando atrás: demasiadas personas han renunciado a puestos muy valiosos y bien pagados basándose en la especulación, sólo para darse cuenta de que no podían regresar cuando su nueva aventura fracasaba. Es mejor política deslizarse suavemente dentro de una nueva profesión, haciendo nuevos contactos, hasta que la dirección sea verdaderamente probada y parezca segura. Sólo entonces podrá desatar los nudos y los compromisos que tenía con su ocupación anterior.

Avanzar

Esta obra no trata de consejos profesionales generales sino del uso concreto de los ciclos profesionales y de conocimientos basados en el sentido común. Puede usar su sensatez y su capacidad de exploración para conformar las reglas específicas y principios que se apliquen a su campo individual. Es de esperar que la combinación de los ciclos naturales con el conocimiento práctico de su profesión determinada darán como resultado un éxito mayor. Úselos con inteligencia y discreción, y los ciclos le darán una ventaja sobre sus competidores.

Epílogo

Hay un largo camino desde las órbitas de Júpiter y Saturno hasta la sala de contratación, y aún así ambas cosas parecen estar ligadas, si no de una manera física, de una manera estadística. ¿Qué implicaciones tiene esto? ¿Acaso estamos hundidos en el fango de la superstición donde se renuncia al libre albedrío y se siguen los dictados de los planetas? El renacimiento del ocultismo y la religión podrían hacerlo parecer así.

Pero yo no creo que sea el caso. Probablemente ocurra lo contrario. Por primera vez en la historia estamos arrojando la fría y transparante luz de la ciencia sobre las supersticiones y descubriendo lo que es verdad y lo que no. Al investigar estos temas de forma activa y crítica podemos incluso encontrar algunos principios del funcionamiento de la naturaleza en donde nunca hubiéramos soñado encontrarlos.

La palabra oculto se deriva de la palabra latina que significaba "escondido". Ahora estamos tomando este material previamente sellado y escondido, y analizándolo con detenimiento. Al hacerlo descubrimos que está estructurado sistemáticamente, como sucede en el resto del universo conocido, aunque tal vez sea tan diferente de nuestros modelos aceptados como lo era la física de Einstein para Newton. Cantidades desconocidas que previamente se habían asignado al "misterioso mundo espiritual" son ahora cada vez más reconocidas como extensiones perfectamente normales del mundo físico. Es más, dentro de poco se habrá desarrollado un riguroso conjunto de mecanismos espirituales (tan contradictorio como la misma combinación de estas dos palabras podría parecer) que separará los fenómenos llamados sobrenaturales de la moralidad, criterios que antiguamente conformaban lo que llamamos religión. San Pablo dijo: "Conoceréis la verdad y la verdad os hará libres", y así será dentro de poco. En forma de religión y de ocultismo veíamos el reino natural a través de un vidrio oscuro, pero pronto lo veremos cara a cara, un paso cuyas implicaciones no podemos siquiera empezar a considerar.

La maraña de efectos de los ciclos planetarios sobre la conducta humana es la primera etapa dentro de una importante investigación que revolucionará sin duda la cultura mundial que ya está a las puertas del impacto futuro. Lejos de hacernos víctimas del destino o la superstición, extenderá nuestra influencia hacia reinos que no habíamos imaginado. Habrá personas que simplemente se nieguen a creer nada de ello, igual que había naciones enteras en África que se negaban a creer que un ser humano había puesto un pie en la Luna. Pero los que lo acepten y lo utilicen a su favor estarán por delante del resto.

Espero que vea el conocimiento de este libro de esta manera. Úselo como herramienta para aumentar su eficiencia y conseguir el éxito final un poco antes. Cuando llegue un conocimiento más amplio que modifique o supla lo que he escrito aquí, y sin duda llegará, amóldese a él y utilícelo para sacar una mayor ventaja.

Finalmente, el conocimiento es poder, y la clave para el éxito. Si ha leído este libro con detenimiento y está dispuesto a usarlo como una herramienta complementaria a través de su vida, entonces habrá valido la pena. Si no es así habrá perdido tanto el dinero como la oportunidad.

Estamos entrando en una nueva era acelerada por el viento de una tecnología jamás soñada. En esta época, los que prefieren desarrollarse y utilizar la tecnología primero serán los líderes y los holgazanes irán detrás. Ahora es el momento, y suya la decisión.

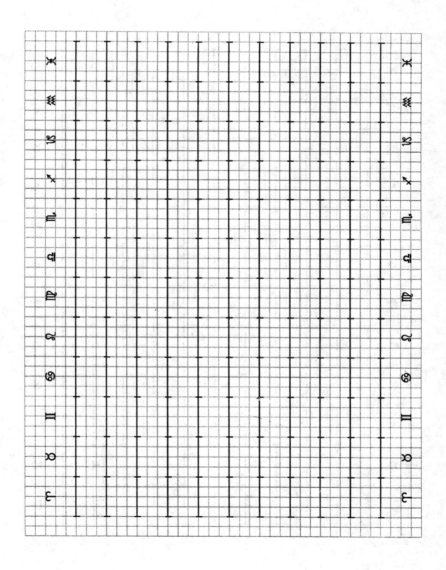

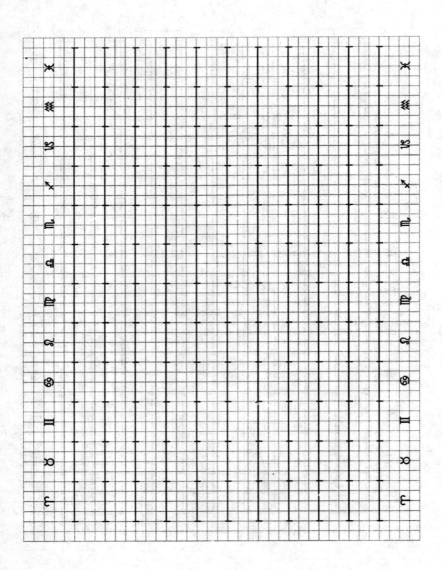

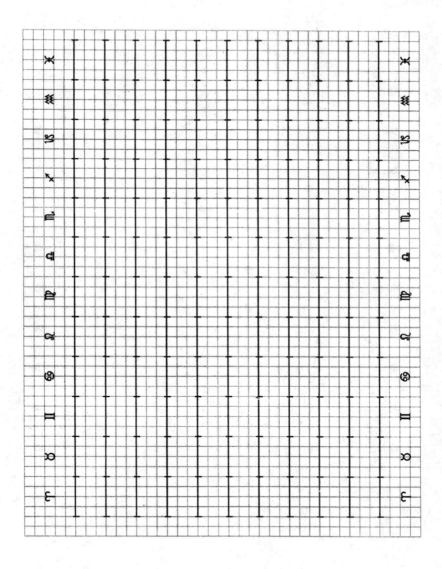

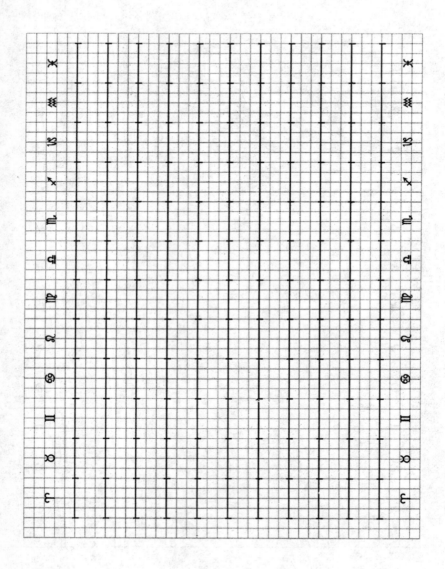

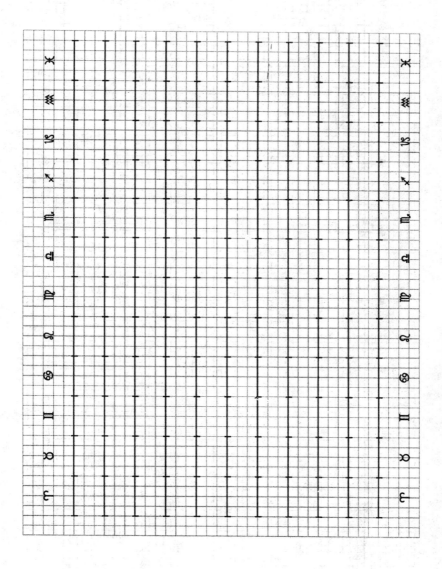

Apéndice 2
Gráficos en blanco para ciclos profesionales

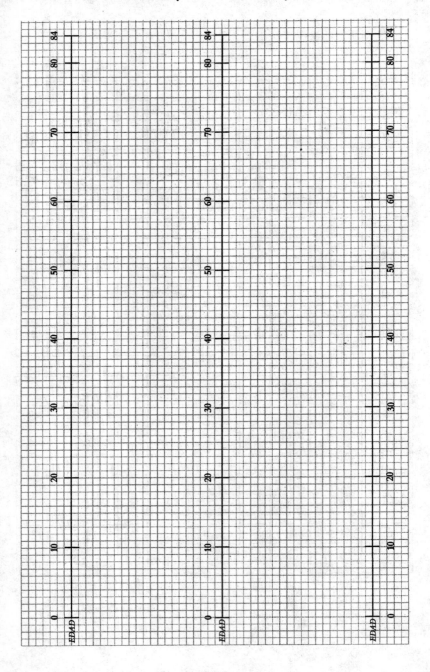

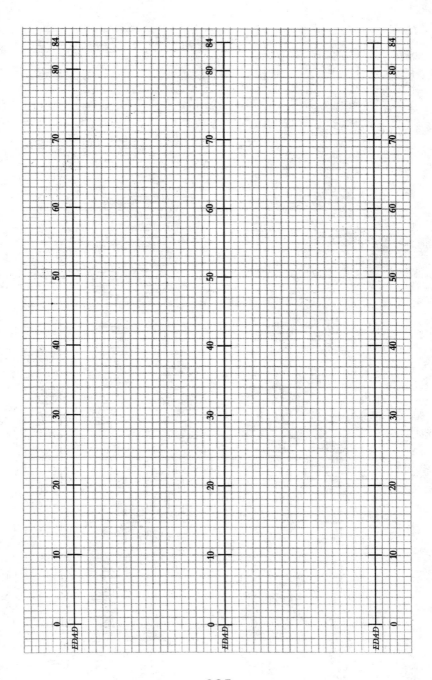

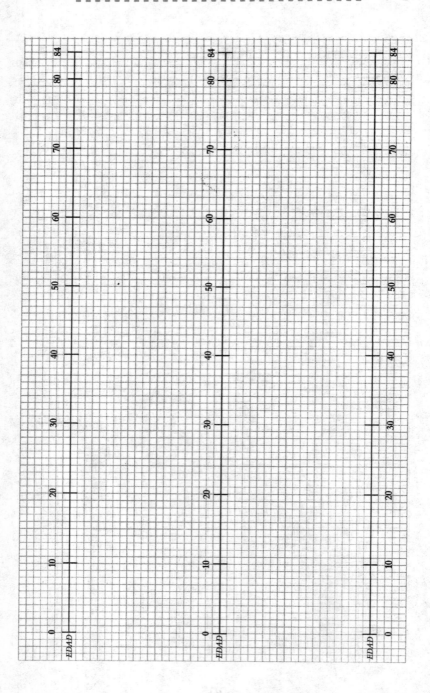

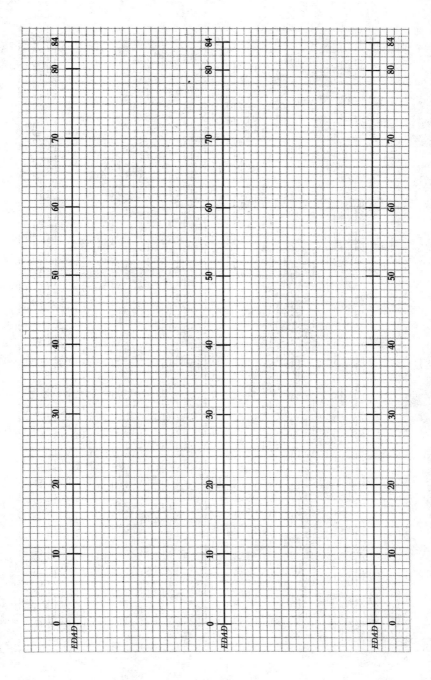

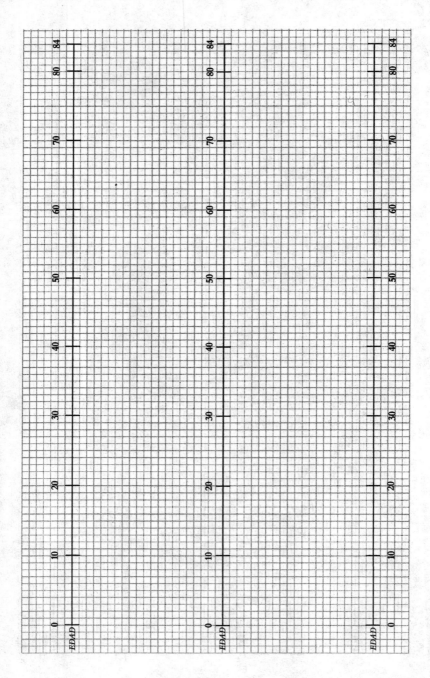

208